Keto quick!

BLITZREZEPTE FÜR DEN KETOGENEN LIFESTYLE

Folgt gerne auch dem Heel Verlag unter

www.instagram.com/heelverlag

www.facebook.com/heelverlag

www.youtube.com/heelverlag

@heelverlag

Impressum

HEEL Verlag GmbH
Gut Pottscheidt
53639 Königswinter
Tel.: 02223 9230-0
Fax: 02223 9230-13
E-Mail: info@heel-verlag.de
Internet: www.heel-verlag.de

Autorin: Dinah Stricker
Fotos: Sandra Then, www.then-fotografie.de, mit Ausnahme von S. 10, 11, 15, 18, 19, 23, 24, 29, 33, 37, 41, 42 unten, 52
Projektleitung: Hannah Kwella
Satz und Gestaltung: My Linh Nguyen
Umschlaggestaltung: My Linh Nguyen

Dieses Buch und die darin enthaltenen Rezepte wurden nach bestem Wissen und Gewissen verfasst. Weder der Verlag noch die Autorin tragen die Verantwortung für ungewollte Reaktionen oder Beeinträchtigungen, die aus der Verarbeitung der Zutaten entstehen.

ISBN: 978-3-96664-336-8

Printed in Slovenia

FÜR ALLE KETARIER UND DIE, DIE ES WERDEN WOLLEN.

@ketorockt

@deestricker
@ketorockt

www.deestricker.com

mail@ketorockt.de

Die Fotografin Sandra Then arbeitet in den Bereichen Portrait, Schauspiel und Oper, Reportage und Food. Ihre Bilder sind international in Ausstellungen vertreten.

Keto quick!

BLITZREZEPTE FÜR DEN KETOGENEN LIFESTYLE

HEEL

Inhaltsverzeichnis

Am Anfang war das Ei –

Was steckt hinter Keto quick?

„Also Rührei ist für mich schon kochen“, kam es aus dem Mund meiner Klientin, als wir über das Thema Kochen und Ernährung sprachen. Für sie sei es einfach bequemer, sich schnell ein Butterbrot zu schmieren, etwas Fertiges in den Ofen zu schieben oder einfach Essen zu bestellen, denn sie habe aufgrund ihres stressigen Jobs einfach keine Zeit und auch keine Lust, so lange in der Küche zu stehen. Problematisch war für sie nur dabei, dass sie, egal wieviel Sport sie machte, das Gewicht einfach nicht reduzieren konnte. Eine Aussage, die ich als Fitnesstrainerin nicht zum ersten Mal gehört hatte.
Nun bin ich die Art von Mensch, der es schwerfällt ihr Entsetzen im Gesicht zu verbergen. Auch wenn ich mich wirklich bemühte, sah sie mir an, dass mich ihre Aussage dezent schockiert hatte. „Ooookay,“ war dann auch dementsprechend meine Reaktion. In meinem Kopf dachte ich nur: „Kein Wunder, bei dem was Du isst!“, denn für mich war schon länger klar – ohne die richtige Ernährung wird Gewichtreduzierung nie funktionieren. Doch dann ging es zurück ans Training und der Drops war gelutscht. Oder vielleicht doch nicht?

Auch wenn das Thema im Fitnessstudio erledigt war, hallte es in mir trotzdem irgendwie nach. Wie kommt es, dass so viele Menschen so wenig Zeit und Lust haben zu kochen oder sich mehr mit ihrer Ernährung zu beschäftigen, obwohl sie theoretisch wissen, dass gewisse Nahrungsmittel nicht gut für sie sind? Zeit und Aufwand sind die häufigsten Antworten. Nun stellte ich mir die Frage, wie ich es schaffen könnte, Menschen zu zeigen, dass sie auch ohne immensen Aufwand, ohne ewiges Schnippeln und stundenlanges am Herd stehen, qualitativ hochwertige Mahlzeiten zubereiten können. Gerichte, die dem Körper guttun, ihn mit allen wichtigen Nährstoffen versorgen und dabei helfen können, die eigene Körperkomposition in die gewünschte Richtung zu verändern. Rezepte für eine schnelle und einfache Küche mussten her, mit möglichst unkomplizierten und überschaubaren Zutatenlisten. Es muss doch möglich sein, Menschen wieder zum selber kochen zu animieren und dazu, sich mehr mit ihrer Ernährung auseinanderzusetzen.

Also machte ich mich an die Arbeit und durchstöberte sämtliche, in meinem Besitz befindlichen Kochbücher und meine Rezepte-Sammlung und notierte meine Ideen für ganz neue Kreationen. Das Kriterium hierbei: quick & easy – also schnell und einfach, in maximal 20 Minuten zubereitet. Diesen Zeitaufwand sollte eigentlich jeder hinbekommen.

Nein, dieser Zeitaufwand sollte es jedem wert sein, in ihre oder seine Gesundheit zu investieren.

Da ich mich inzwischen, mit kleinen Unterbrechungen hier und da, seit fünf Jahren ketogen ernähre, war natürlich klar, dass es ketogene Rezepte sein würden. Nicht nur, dass die Gerichte wenig Zeit und Aufwand brauchten, nein, sie sollten auch noch ohne Zucker, Mehl oder sonstige, gesundheitsschädliche Zutaten sein. Damit hatte ich für mich selbst den Schwierigkeitsgrad bei der Erstellung der Rezepte natürlich ordentlich erhöht. Aber die Herausforderung nahm ich gerne an. Und so verbrachte ich den langen Lockdown mit dieser wundervollen und spannenden Aufgabe. Das Ergebnis ist ein bunter Mix aus asiatischen und mediterranen Gerichten, deftig oder süß und teils in vegetarischer Version möglich, so dass man sie man gut variieren kann.
Sie sind deutlich weniger lastig an Sahne und Milchprodukten, so dass auch Menschen mit Laktoseintoleranz ordentlich zuschlagen können. Im Rezepte-Kapitel erfährst Du alle weiteren Details.
Meine Liebe zum Kochen entdeckte ich Ende zwanzig, als mich der britische Fernsehkoch Jamie Oliver mit seinen Kochsendungen verzauberte. Er war es, der mir zeigte, dass man mit qualitativ hochwertigen Zutaten und wenig Aufwand tolle Gerichte für die ganze Familie kreieren kann. So lernte ich, wie man sämtliche Saucen selber macht und wie man bestimmte Lebensmittel verarbeitet. Ich muss nicht erwähnen, dass ich fast alle seine Kochbücher habe – kleiner Fangirl-Moment. Einige seiner Rezepte habe ich erfolgreich in Keto-Versionen abwandeln können, denn auf die leckeren Mahlzeiten von ihm wollte ich ungern verzichten, als ich mich 2016 entschied, den ketogenen Weg einzuschlagen. Und was soll ich sagen, es hat funktioniert – ketogen und lecker – eine Win-win-Kombination.

Aber was ist jetzt bitteschön die Keto-Diät? Von wie vielen Diäten hast Du schon gehört? Low-Carb-, Atkins-, Paleo-, Brigitte-, Dukan-, Weight Watchers-, South Beach-, Kohlsuppen- oder Zitronenwasser-Diät. Da blickt doch kein Mensch mehr durch!
Bist Du auch so verwirrt vom Diäten-Dschungel und hast keinen Bock mehr, Dich mit irgendwas, was auf „Diät" endet, zu beschäftigen? Ich fühle mit Dir, denn mir ging es jahrelang auch so. Ausprobiert habe ich sie fast alle, doch nur eine von ihnen führte dauerhaft zum Erfolg: die ketogene Ernährung. Ich schreibe bewusst Ernährung, da Keto-Diät es eigentlich nicht richtig trifft. Der englische Begriff „Diet" bedeutet genau genommen „Ernährung" und nicht primär Diät. Hierbei geht es um eine grundlegende Umstellung der Ernährung. Du musst sie natürlich nicht für immer machen, es sei denn Du machst sie aus therapeutischen Gründen. Doch ist es ratsam, mindestens drei Monate am Ball zu bleiben, idealerweise sechs bis zwölf Monate. Dein Körper braucht eine gewisse Zeit, um sich an die neue Ernährungsform anzupassen. Damit Du sämtliche Vorteile (siehe Seite 18) der ketogenen Ernährung genießen kannst, braucht es eine Weile.

Ich habe, wie erwähnt, vor fünf Jahren mit Keto angefangen. Aus meiner Verzweiflung heraus dachte ich mir „was hast Du zu verlieren?". Wie bei vielen anderen Diäten zuvor, hast Du im schlimmsten Fall nach ein paar Monaten wieder das gleiche Gewicht drauf, das Du zu Beginn hattest. Gewichts-Jo-Jo war ich nämlich schon seit Jahren gewohnt. Dass das nicht gesund für den Körper ist, ist glaube ich jedem klar. Eigentlich macht man es mit jedem Diät-Zyklus schlimmer und wiegt meist nach kurzer Zeit noch mehr als vorher. Höre ich da ein „kenne ich"? Aber die Hoffnung stirbt ja bekanntlich immer zuletzt, und so wagte ich das Abenteuer. Inspiriert wurde ich dazu von einem Professor für Sportwissenschaften und Ernährung (@themusclephd), dem ich auf Instagram folge. Ja, da gibt's auch Leute, die was können und keine Schlauchbootlippen haben.
Nachdem ich einen Artikel von ihm zum Thema gelesen hatte, bemächtigte ich eine bekannte amerikanische Suchmaschine mit den Schlagworten „Ketogenic Diet" und landete auf der sehr informativen Seite www.ketodietapp.com von Martina Slajerova, die sich seit vielen Jahren aufgrund einer Hashimoto-Erkrankung (chronische Entzündung der Schilddrüse) ketogen ernährt. Auch ihre Geschichte beeinflusste mich, hatte ich zu dem Zeitpunkt eine Schilddrüsen-Unterfunktion (jetzt nicht mehr, danke Keto!). Ich nahm an ihrer 90-Tage-Keto-Challenge teil und, was soll ich sagen, ich habe nie wieder zurückgeblickt. Das war für mich der Durchbruch!

Auch wenn es anfangs nicht so leicht für mich war, von einer Low-Carb-Ernährung und damit verbundenem hohen Protein- und moderaten Fettkonsum, auf moderaten Protein- und hohen Fettkonsum umzusteigen, habe ich doch die Keto-Kurve gekriegt. Man darf Keto auch nicht zu kompliziert machen, denn auch wenn ich Dir im nächsten Kapitel einiges über die einzelnen Prozesse und Funktionen im Körper erzähle, ist es am Ende keine Raketenwissenschaft. Das wichtigste Credo ist: Halte die Kohlenhydrate so niedrig wie möglich. Und das bekam ich direkt von Anfang an gut hin.

Ich konnte meine Depressionen durchbrechen, mein geringes Selbstbewusstsein pushen und mich endlich wieder ohne Panik auf eine Waage stellen!

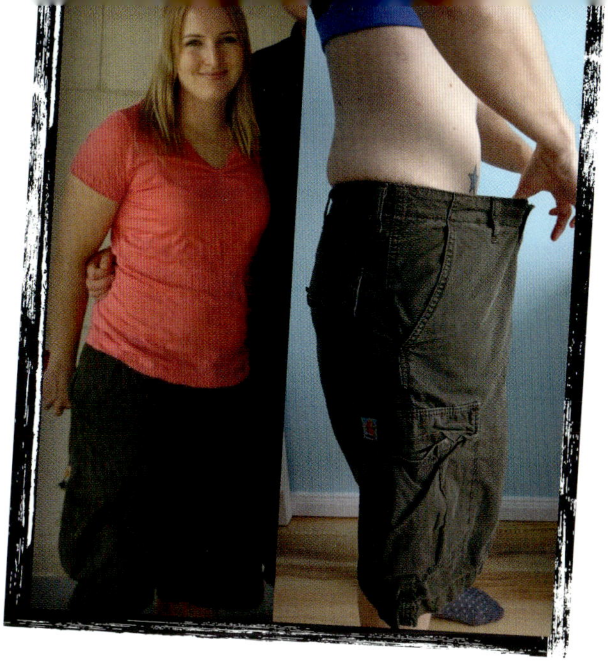

Das Maßband konnte ich ebenfalls immer enger ziehen und wieder alte, zu eng gewordene Hosen tragen. Halleluja! Und das war nur der Anfang. Ich machte, vom massiven Erfolg gepusht, brav weiter und konnte meine Gesundheit und mein Aussehen immer weiter verbessern. Innerhalb von acht Monaten verlor ich 16 kg und rund 10 % Körperfett!

Mit meinem Erfolg kam die Idee zu einem Keto-Blog (www.ketorockt.de) und daraufhin mein erstes Buch „Keto rockt – weil's schlank und glücklich macht!". Das Feedback war überwältigend! So viel Liebe und positive Vibes – einfach ein inneres Blumenpflücken!

Das dieser Einstieg in die Keto-Welt jetzt schon fünf Jahre her ist, ist kaum zu fassen. Fairerweise muss ich auch gestehen, dass ich ab und zu mal geschummelt habe. Also falls Du Dich jetzt fragst, ob man niiiiiieeee wiiiiieder ein Eis oder eine Pizza essen darf – keine Panik, Du darfst, wenn Du ein paar Dinge berücksichtigst. Dazu gebe ich Dir Tipps auf Seite 38. Zum ersten Mal so richtig geschummelt habe ich in meinem ersten großen Urlaub seit Keto-Beginn. Es ging zwei Wochen nach Florida und da konnte ich einfach nicht Nein zu meinen geliebten frittierten Calamari, Coconut-Shrimp und Margeritas sagen. Ja, ich bin eben auch nur ein Mensch. Interessant, oder besser gesagt schockierend, war danach, dass ich in nur zwei Wochen fünf Kilo zugenommen hatte. Das sagte mir, dass mein Körper definitiv keine Kohlenhydrate mag und sie offensichtlich auch nicht gut verarbeitet. Und so halte ich es inzwischen so, dass ich mir ab und zu eine einzige Schummel-Mahlzeit „gönne", aber die restliche Zeit weiterhin komplett ketogen lebe. Ich habe dazu eine gute Strategie entwickelt, wie mich diese Schummel-Mahlzeit nicht raushaut, die Du ebenfalls bei den Tipps lesen kannst. So halte ich mein Gewicht, was immer mal wieder 2–3 kg schwankt, seit einiger Zeit und fühle mich sehr wohl.

Ich denke, so kann jeder Mensch das für ihn richtige Gleichgewicht und damit Wohlfühlgewicht finden und sich gesund und energiegeladen fühlen.

Ich wünsche Dir von Herzen, dass Du das auch für Dich erreichst und möchte Dich mit diesem Buch unterstützen, deine Ziele zu verfolgen!
Im nächsten Kapitel erkläre ich Dir alles, was du über Keto wissen musst und gebe Dir eine Schritt-für-Schritt-Anleitung an die Hand, die Dich Deinem Ziel hoffentlich ein großes Stück näherbringt.

Keto-Knowhow –

Dein Einstieg in ein ketogenes Leben

Hast Du auch schon mal den Begriff „Keto Diät" in eine bekannte amerikanische Suchmaschine eingegeben, um dann festzustellen, dass sehr viel Negatives über diese Ernährung im Internet steht? Dass sie gefährlich sei, Herzinfarkt verursacht und den Cholesterinspiegel erhöht? Und auf keinen Fall langfristig funktioniert, ja, sogar zu Ketoazidose führen kann?

Ja, was ist denn überhaupt eine Ketoazidose? Was ist der Unterschied zwischen Keto, Low Carb und Atkins? Worauf kommt es bei einer ketogenen Ernährung an? Was muss ich beachten? Was darf ich essen und wie oft? Welche Hürden, Vor- und Nachteile gibt es? Und bekomme ich einen erhöhten Cholesterinspiegel oder gar einen Herzinfarkt, wenn ich mich ketogen ernähre? Auch wenn die Antwort auf alle Fragen bekanntlich 42 ist, versuche ich Dir mit meinen fünf Jahren Keto-Erfahrung und durch Unterstützung der Wissenschaft all das kompakt und leicht verständlich zu beantworten.

Auf geht's in Dein ketogenes Abenteuer!

WOHER KOMMT DER BEGRIFF „KETOGENE DIÄT" UND WAS BEDEUTET ER?

Der Begriff „ketogene Diät" wurde vom amerikanischen Arzt Dr. Russel M. Wilder von der Mayo Clinic geprägt. Er setzte die ketogene Diät erstmals 1921 zur Behandlung von Epilepsie im Kindesalter ein, nachdem ihn die Forschungsergebnisse zu Ernährung und Diabetes von Rollin Turner Woodyatt dazu inspirierten. Woodyatt fand damals heraus, dass in gesunden Menschen die Leber die Ketonkörper Beta-Hydroxybutyrat, Acetoacetat und Aceton produziert, wenn sie entweder hungern oder eine kohlenhydratarme, fettreiche Ernährung zu sich nehmen.

Rund ein Jahrzehnt lang wurde die ketogene Diät als therapeutische Ernährungsform bei Epilepsie im Kindesalter angewandt, bis Antiepileptika auf den Markt kamen. Vor einigen Jahren wurde die ketogene Diät jedoch wiederbelebt – dann allerdings als Mittel zur schnellen Gewichtsabnahme und zur Verbesserung verschiedener gesundheitlicher Probleme, wie zum Beispiel Bluthochdruck, Diabetes, Autoimmunkrankheiten und weiterhin Epilepsie.

AUF WELCHER BASIS FUNKTIONIERT KETO?

Ein paar physiologische und biochemische Grundlagen müssen leider sein, um das Prinzip der ketogenen Diät zu verstehen. Also halte durch und lies Dir ganz in Ruhe die folgenden Informationen durch. Ich verspreche Dir, danach ergibt alles Sinn.

Wenn man dem Körper Kohlenhydrate als Energiequelle vorenthält, indem man sie auf weniger als 50 Gramm pro Tag reduziert, idealerweise sogar weniger als 20 Gramm, wird dadurch die Insulinausschüttung verringert und der Blutzuckerspiegel gesenkt. Der Körper gerät in einen katabolen (= abbauenden) Zustand. Die Glykogenspeicher (Glykogen = Speicherform von Glukose) in den Muskeln und der Leber werden geleert bzw. abgebaut. Diese Speicher haben eine Kapazität von 1.600 bis 2.000 Kalorien und sind in der Regel binnen 48 Stunden geleert. Der Körper speichert drei bis vier Gramm an Wasser für jedes Gramm an gespeichertem Glykogen. Wenn die Glykogenspeicher geleert werden, wird zunächst Wasser ausgeschieden, weshalb man anfangs zügiger abnimmt, aber noch kein eigenes Körperfett. Daraufhin finden zwei Stoffwechselprozesse statt: die ***Glukoneogenese*** und die ***Ketogenese***.

Glukoneogenese bedeutet „Glukose neu erzeugen". Glukose wird bei diesem Prozess aus Aminosäuren (insbesondere Alanin und Glutamin), Glycerin und Milchsäure (Laktat) hergestellt. Wenn die körpereigene Glukoseproduktion aber nicht mehr mit dem Bedarf des Körpers Schritt halten kann, beginnt die ***Ketogenese***, ein Prozess bei dem in der Leber Fettsäuren zu den Ketonkörpern ***Aceton, Acetoacetat*** und ***Beta-Hydroxybutyrat*** aufgespalten werden. Dabei entsteht das Molekül *Acetyl-CoA*, welches in die *Mitochondrien* (die „Kraftwerke" der Zellen) geschleust wird, um Energie in Form von ATP (Adenosintriphosphat) zu generieren. ATP ist das wichtigste Molekül für die Speicherung und Übertragung von Energie in den Zellen. 100 Gramm ***Acetoacetat*** erzeugen nämlich 9400 Gramm ATP und 100 Gramm ***Beta-Hydroxybutyrat*** liefern 10.500 Gramm ATP, während 100 Gramm Glukose nur 8.700 Gramm ATP erzeugen. Dadurch kann der Körper auch bei einem Kaloriendefizit eine effiziente Energieproduktion aufrechterhalten.

Diese Ketonkörper fungieren dann als primäre Energiequelle und lösen demnach Glukose als Hauptenergielieferanten ab. Die einzigen Organe in unserem

Körper, die keine Ketone für die Energiegewinnung verwenden können, sind die roten Blutkörperchen und die Leber. Ihnen fehlen die Mitochondrien bzw. Enzyme. Unser Herz, unser Muskelgewebe und unsere Nieren können Ketonkörper jedoch leicht zur Energiegewinnung nutzen. Sogar unser Gehirn kann Ketone als alternative Energiequelle nutzen, da diese die Blut-Hirn-Schranke überwinden können. Das ist auch deshalb genial, weil, wie Forschungsergebnisse zeigen, eine ketogene Ernährung bei verschiedenen Arten von neurodegenerativen Krankheiten hirnschützende Wirkungen haben kann. Menschen, die beispielsweise an Alzheimer oder Parkinson leiden, können selbst dann noch Ketone verwerten, wenn die Glukoseaufnahme durch das Gehirn beeinträchtigt ist.

Während der ***Ketogenese*** wird dann der Blutzuckerspiegel gesenkt und die Insulinausschüttung verringert. Dadurch werden auch weniger Fett und Glukose gespeichert. Genialerweise wird durch diesen Prozess auch der Fettabbau aus dem gespeicherten Körperfett beschleunigt. Unser Körper beginnt hierbei einen Vorgang namens ***Lipolyse***, bei dem Fett aus dem Fettgewebe (ein Kilogramm Fettgewebe hat ca. 7.000 Kalorien) zur Energiegewinnung abgebaut wird.

Wenn Du Dich ketogen ernährst, findet also die ***Ketogenese*** statt und bringt Dich dann in den Stoffwechselzustand der als ***Ketose*** bezeichnet wird. In der ***Ketose*** bleibst Du, solange Du Dich sehr kohlenhydratarm ernährst. Es wird ein paar Tage dauern, bis Du Dich in der ***Ketose*** befindest. Das kann schon nach drei bis vier Tagen der Fall sein (je nachdem, wie schnell sich Deine Glykogenspeicher leeren), manchmal dauert es aber auch länger und variiert von Mensch zu Mensch. Die Umstellung bis zur vollständigen Fettadaption kann vier bis sechs Wochen dauern. Innerhalb dieses Zeitraums normalisiert sich auch die Harnsäurekonzentration, welche in den ersten zwei Wochen ansteigen kann. Der Grund liegt darin, dass die Nieren nicht so viel filtern können, weil die Ketonkörper und die Harnsäure darum kämpfen, dass die Nieren sie ausscheiden. Sozusagen ein „Harnsäure-Ketonkörper-Boxkampf" und die Nieren sind der Kampfring.

Falls Du regelmäßig Sport machst, kannst Du die ***Ketose*** beschleunigen, indem Du High-Intensity-Interval-Training (HIIT) machst. Diese Form des hochintensiven Trainings sorgt für ein schnelleres Entleeren der Glykogenspeicher. Solltest Du nicht so sport-erprobt sein, empfehle ich Dir, es etwas langsamer angehen zu lassen. Es kann durchaus passieren, dass Du Dich bei der Umstellung von Kohlenhydrate auf Fette als Energielieferant in den ersten Tagen bis Wochen abgeschlagen, müde und kränklich fühlst (auch als ***„Keto-Grippe“*** bekannt, dazu später mehr), deshalb übernimm Dich nicht!

WIE STELLE ICH FEST, OB ICH DEN HEILIGEN GRAL DER KETOSE ERREICHT HABE?

Aceton wird über die Atemluft ausgeschieden, ***Acetoacetat*** über den Urin und ***Beta-Hydroxybutyrat*** befindet sich im Blut. Dementsprechend gibt es unterschiedliche Möglichkeiten, die Ketonkörper-Konzentration zu messen. Die einzelnen Messgeräte kann man in der Apotheke oder im Internet kaufen.

ACETON testet man, indem man in ein Atemmessgerät ausatmet. In den ersten Wochen kann es auch zu einem süßlichen Acetongeruch aus dem Mund kommen (auch „Keto-Atem" genannt), was tatsächlich ein gutes Anzeichen dafür ist, dass du Dich in der Ketose befindest. Abhilfe schaffen hier Mundspray oder eine Mundspülung – keine zuckerfreien Kaugummis, da diese trotzdem bis zu 2 Gramm Kohlenhydrate beinhalten können.

ACETOACETAT kann mit Urin-Teststreifen (z. B. Ketostix) getestet werden. Dies funktioniert allerdings nur in den ersten Wochen, denn wenn die Nieren sich an die ketogene Ernährung gewöhnt haben, werden nicht mehr so viele Ketonkörper über den Urin ausgeschieden. Der Körper wird effizienter darin, die Ketonkörper zu den Zellen zu befördern, in denen sie in Energie umgewandelt werden. Darum sind die Teststreifen dann nicht mehr aussagekräftig.

BETA-HYDROXYBUTYRAT wird mittels Prick Test getestet. Hierbei wird am Finger ein kleiner Tropfen Blut entnommen und in einem speziellen Messgerät ausgelesen. Diese Methode ist am akkuratesten, selbst wenn Du Dich schon länger ketogen ernährst.
Viele Menschen glauben: je höher der Ketonspiegel desto besser, aber das ist bislang nicht erwiesen. Wenn man über einen längeren Zeitraum keto-adaptiert ist, werden die Ketone besonders effizient genutzt, wodurch geringere Mengen im Blut zirkulieren.

Du bist in der optimalen Nahrungs-Ketose, wenn der Messwert größer als 0,5 mmol/l (= Millimol) ist. Er kann bis 3 mmol/l gehen.

DER UNTERSCHIED ZWISCHEN KETOSE UND KETOAZIDOSE

Leider werden die Begriffe ***Ketose*** und ***Ketoazidose*** häufig verwechselt, was unter anderem zu dem schlechten Ruf der ketogenen Ernährung geführt hat. Sie unterscheiden sich jedoch deutlich.

Bei einer ***Ketoazidose*** steigt der Ketonspiegel im Blut unkontrolliert so stark an (Werte von 10–25 mmol/l), dass er zu einer Übersäuerung des Blutes führen kann. Dadurch sinkt der pH-Wert des Blutes von 7,35 (Normwert) auf weniger als 7,30.

Typischerweise tritt dieser Zustand insbesondere bei Typ-1-Diabetikern auf. Der Grund hierfür liegt darin, dass Diabetiker nicht genug Insulin produzieren. Somit bleibt die Glukose im Blut, statt von den Zellen aufgenommen und zur Energiegewinnung genutzt zu werden. Blutzuckerwerte können dann bis über 200 mg/dl ansteigen, was es den Nieren unmöglich macht die Glukose zu filtern. Die Glukose wird dann über den Urin ausgeschieden. Der Flüssigkeitsanteil im Blut verringert sich, wodurch sich auch das Blutvolumen verringert, der Ketonspiegel jedoch stark angestiegen ist. Bei diesem Zustand ist eine sofortige ärztliche Behandlung erforderlich.

Die ernährungsbedingte oder fasteninduzierte ***Ketose*** hingegen ist sehr kontrolliert und erreicht Werte von bis zu 3 mmol/l. Die Normwerte für den Blutzucker liegen hierbei zwischen 60–120 mg/dl und es findet keine Veränderung im pH-Wert des Blutes statt.

WORIN LIEGT DER UNTERSCHIED ZWISCHEN KETO, LOW-CARB UND ATKINS?

KETO VS. ATKINS

Beide Diäten haben gemeinsam, dass sie zu Anfang sehr kohlenhydratarm sind. Allerdings wird bei der Atkins-Diät in verschiedenen Phasen die Kohlenhydratzufuhr langsam gesteigert, auf bis zu 80 Gramm pro Tag. Außerdem wird die Proteinzufuhr bei der Atkins-Diät nicht eingeschränkt. Bei der Keto-Diät wird sie auf 20 % des Tagesbedarfs beschränkt. Bei Sportlern kann dieser Wert auch höher liegen, da ein erhöhter Eiweißbedarf besteht.

KETO VS. LOW-CARB

Die Keto-Diät ist sehr kohlenhydratarm. Es werden maximal 50 Gramm Kohlenhydrate pro Tag verzehrt, je nach Toleranzlevel. Die meisten Menschen, die sich ketogen ernähren, tendieren eher zu 20–30 Gramm täglich. Bei einer Low-Carb-Ernährung dürfen bis zu 100 Gramm Kohlenhydrate pro Tag verzehrt werden. Es sind sowohl Vollkornprodukte als auch Milchprodukte in allen Varianten erlaubt.

Bei einer ketogenen Ernährung wird zusätzlich der Anteil an gesunden Fetten deutlich erhöht, die Proteinzufuhr jedoch eher moderat gehalten. Bei Low-Carb wird der Fettanteil nicht erhöht, aber dafür der Proteinanteil. Also genau umgekehrt.

Wieviel Prozent des täglichen Kalorienbedarfs von welchem Makronährstoff (also Kohlenhydrate, Protein und Fett) gegessen werden soll, sieht dann ungefähr so aus:

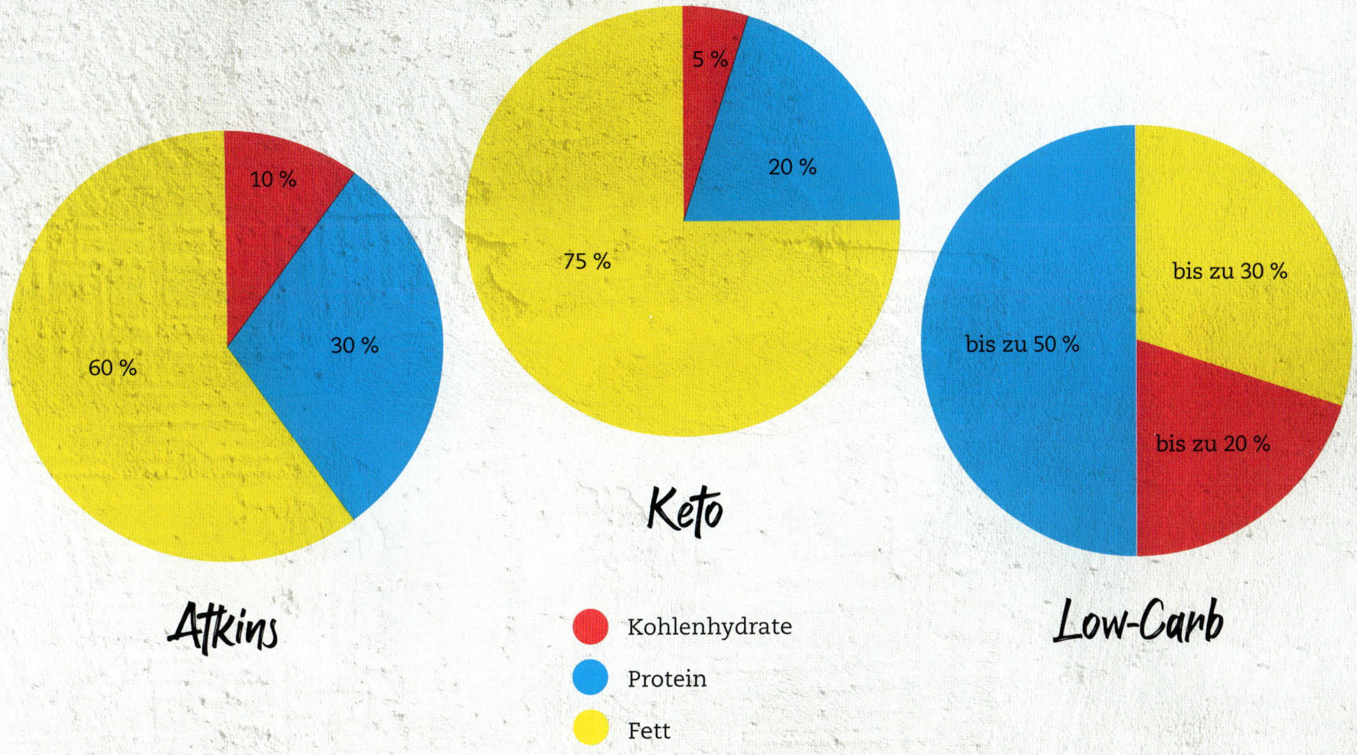

WIESO IST KETO EFFEKTIV?

Die Keto-Diät unterscheidet sich von anderen Diäten, da sie den Stoffwechselzustand verändert, anstatt nur die Kalorien zu reduzieren. Die meisten anderen Diäten basieren auf einer Begrenzung der Kalorienzufuhr, um ein Kaloriendefizit zu erreichen. Das Schöne und Befreiende an der ketogenen Ernährung ist, dass man automatisch weniger Kalorien aufnimmt, da man durch das Sättigungshormon ***Leptin*** ein stärkeres und langanhaltenderes Sättigungsgefühl hat. Nach dem Verzehr einer kohlenhydrathaltigen Mahlzeit neigen viele Menschen dazu, schon bald danach zu unterzuckern, woraufhin ein noch größeres Heißhungergefühl ausgelöst wird und man am liebsten alles in sich reinstopfen möchte. Wenn Du Dich in Ketose befindest, wird ein Anstieg des Hungerhormons ***Ghrelin*** verhindert, welches normalerweise dafür sorgt, dass Du Dich hungrig fühlst. So beugst Du Heißhungerattacken optimal vor.

WAS SIND DIE VORTEILE DER KETO-DIÄT?

Fett als Hauptenergielieferant hat zwar eine höhere Kaloriendichte (9 Kalorien pro Gramm) im Gegensatz zu Kohlenhydraten und Proteinen (je 4 Kalorien pro Gramm), jedoch macht es auch schneller und länger satt, wodurch man nicht so große Mengen essen kann. Und da Fett ein Geschmacksträger ist, schmeckt es auch noch besser und ist demnach weitaus befriedigender als viele typische Diätmahlzeiten. Das macht das Durchhalten deutlich einfacher.

WEITERE GROSSARTIGE VORTEILE SIND:

- ✔ Gewichtsreduktion
- ✔ Erhöhte Fettverbrennung
- ✔ Erhöhte Energie und Konzentration
- ✔ Besserer und tieferer Schlaf
- ✔ Verminderter Appetit
- ✔ Besseres Sättigungsgefühl
- ✔ Keine Heißhungerattacken
- ✔ Verbesserte Verdauung
- ✔ Verminderte Entzündungen
- ✔ Stabilisierung des Blutzuckers
- ✔ Verbesserte Blutfettwerte
- ✔ Verbesserte Ausdauerleistung
- ✔ Senkung des Blutdrucks bei Bluthochdruck
- ✔ Erhalt der Muskelmasse
- ✔ Verbesserte Zahngesundheit
- ✔ Verbessertes Hautbild
- ✔ Weniger Infekte / Erkältungen

THERAPEUTISCHE ANWENDUNGEN BEI:

- ✔ Epilepsie
- ✔ Diabetes
- ✔ Parkinson-Krankheit
- ✔ Alzheimer-Krankheit
- ✔ Krebs
- ✔ Autoimmunerkrankungen
- ✔ Kopfschmerzen & Migräne
- ✔ PCOS
- ✔ Depressionen
- ✔ Akne

FÜR WEN IST KETO NICHT GEEIGNET?

Wie bei allen Diäten, gibt es auch gesundheitliche Indikationen, die gegen eine ketogene Ernährung sprechen. Dies gilt für Menschen mit Nierenerkrankungen sowie Leber- oder Bauchspeicheldrüsenproblemen, ebenso für Menschen, denen die Gallenblase entfernt wurde, da nicht genug Gallenflüssigkeit vorhanden ist, um die Fette abzubauen.
Menschen, die an einer Essstörung leiden oder untergewichtig sind, sollten ebenfalls keine Keto-Diät machen. Vorsicht ist auch bei Typ-1-Diabetikern geboten.

Daher ist es wichtig, vorab mit einem Arzt zu sprechen (insbesondere, wenn Du an einer Krankheit leidest), um abzuklären, ob Keto der richtige Weg für Dich ist. Gegebenenfalls müssen auch die Medikamente und ihre Dosierung angepasst werden, z. B. bei Typ-2-Diabetikern, die Insulin oder z. B. Metformin einnehmen. Eine ketogene Ernährung während der Schwangerschaft und Stillzeit ist derzeit noch nicht ausreichend erforscht, weshalb auch hier ein Gespräch mit dem behandelnden Arzt empfohlen wird.

KANN ICH MICH ALS TYP-2-DIABETIKER KETOGEN ERNÄHREN?

Auf jeden Fall, am besten in Rücksprache mit Deinem behandelnden Arzt unter Berücksichtigung der bereits oben angemerkten Medikationsanpassung Typ-2-Diabetes ist im Grunde genommen eine Kohlenhydratintoleranz, daher kann es sehr hilfreich sein, die Kohlenhydratzufuhr deutlich zu verringern. Durch eine geringe Kohlenhydratzufuhr wird der Blutzuckerspiegel stabilisiert und besser kontrolliert. Laut wissenschaftlicher Erkenntnisse wird das Gewicht effektiv reduziert und die Insulinempfindlichkeit, der Blutdruck, die Triglyceride und der HDL-Cholesterinspiegel stark verbessert.

ERHÖHEN SICH MEINE BLUTFETTWERTE, WENN ICH SO VIEL FETT ESSE?

Wie oft ich diese Frage schon gehört habe ... *bitte hier gedanklich das Augenroll-Emoji einfügen*.
Tja, was soll ich sagen, ich lebe noch. Ja, ich habe fünf Jahre Keto überlebt! Unglaublich, oder? Spaß beiseite, denn eine ketogene Ernährung kann tatsächlich die Blutfettwerte verbessern und nicht, wie oft angenommen, den Cholesterin- und Triglyceridspiegel in abstruse Höhen treiben. Ich selbst hatte vor Keto z. B. einen stark erhöhten Triglyceridwert, der bei 290 mg/dl lag, (der Normwert liegt bei 150 mg/dl). Bereits nach fünf Monaten ketogener Ernährung sank dieser Wert auf sagenhafte 130 mg/dl. Ich konnte es selbst kaum glauben! Das bedeutet, ich habe am eigenen Leib bzw. Blut feststellen können, dass Keto dahingehend sehr effektiv sein kann. Jedoch spiegelt es nur meine persönliche Erfahrung wider und soll keineswegs eine medizinische Empfehlung sein. Dieses Thema solltest Du mit Deinem Hausarzt besprechen, so wie ich es auch getan habe.
Dennoch gibt es inzwischen Studien, die in einer systematischen Überprüfung und Meta-Analyse ergaben, dass die Aufnahme gesättigter Fette nicht mit Gesamtmortalität und kardiovaskulärer Mortalität, koronarer Herzkrankheit, Schlaganfall oder Typ-2-Diabetes assoziiert ist. Die Forscher einer weiteren Studie aus 2014 kamen zu dem Schluss, dass es die Transfette sind, die in Verbindung mit Gesamtmortalität und der kardiovaskulären Mortalität sowie mit der koronaren Herzkrankheit in Verbindung gebracht werden.

Mehr Fett soll den Cholesterinspiegel senken?

Für viele Menschen klingt es widersprüchlich, dass eine fettreiche Ernährung den Cholesterinspiegel verbessern kann. Doch auch hier konnten mehrere Studien nachweisen, dass die ketogene Diät sich positiv auf den Cholesterinspiegel auswirken kann. Ein Beispiel: In einer Studie aus 2004 von Hussein Dashti (Professor an der Kuwait University) und seinen Kollegen, wurden 83 adipöse Patienten 24 Wochen lang mit einer ketogenen Diät ernährt. Gewicht, Body-Mass-Index, Gesamtcholesterin- und Triglyceridwerte, HD- und LDL-Werte sowie Blutzuckerwerte nüchtern wurden sowohl zu Beginn als auch nach dem 24-wöchigen Zeitraum gemessen.

Das Ergebnis: Der HDL-Cholesterinspiegel stieg signifikant an, während der LDL-Cholesterinspiegel, der Gesamt-Triglyceridspiegel und der Blutzuckerspiegel alle signifikant sanken.

Falls Du Dich für die Details oder weitere Studien zum Thema Cholesterin, Herzgesundheit oder Diabetes in Bezug auf die ketogene Ernährung interessierst, kannst du Dir gerne im Internet die Studien, die ich in den Quellen angegeben habe, genauer durchlesen.

Was genau ist Cholesterin und was macht es im Körper?

Cholesterin kommt ausschließlich in tierischen Lebensmitteln vor. Der Körper benötigt es für viele Funktionen, zum Beispiel die Herstellung von Steroidhormonen (u. a. Testosteron, Östrogen, Cortisol), Vitamin D und Gallensäuren, welche bei der Fettverdauung helfen. Cholesterin dient auch als Baustein für Zellmembranen. Alle Zellen stellen Cholesterin her. Tatsächlich wird der größte Teil des Cholesterins (etwa 75 %) vom Körper selbst gebildet, und kommt demnach nicht aus der Nahrung, die Du zu Dir nimmst. Dein Körper reguliert die Cholesterinmenge im Blut genau, indem er die Cholesterinproduktion steuert. Nimmst Du größere Mengen an Cholesterin durch die Nahrung zu Dir, produziert Dein Körper weniger. Wenn Du weniger Cholesterin durch Nahrung zu Dir nimmst, produziert Dein Körper mehr.

Cholesterin wird über Lipoproteine transportiert. Wie der Name schon sagt, bestehen Lipoproteine u. a. aus Lipiden und Proteinen. So kann das Cholesterin im ganzen Körper transportiert werden. Das in unserem Blut befindliche Cholesterin besteht aus zwei verschiedenen Arten:

HIGH DENSITY LIPOPROTEIN (HDL):

Auch als „gutes“ Cholesterin bekannt, da es das Cholesterin aus dem Körper zur Leber transportiert, wo es entweder abgebaut oder recycelt wird. HDL ist wichtig für das Immunsystem, da es bei der Abwehr von Infektionen hilft und entzündungshemmende Eigenschaften hat.

LOW DENSITY LIPOPROTEIN (LDL):

Auch als „schlechtes“ Cholesterin bezeichnet. Es transportiert Cholesterin und andere Fette von der Leber zu anderen Organen. LDL ist sehr anfällig für Oxidation. Oxidiertes LDL kann Entzündungen hervorrufen und die Bildung von Plaque in den Arterienwänden begünstigen.

ENTSCHEIDEND IST DIE PARTIKELGRÖSSE:

Die Gesamtmenge an Cholesterin in den HDL- und LDL-Partikeln ist von geringer Bedeutung. Entscheidend ist wie viele LDL-Partikel im Blut vorhanden und wie groß sie sind. Die ketogene Ernährung sorgt für größere, fluffigere Partikel, welche weniger schädlich sind als die kleineren, dichteren Partikel. Kleinere Partikel schwimmen länger im Blutkreislauf und gelangen leichter durch die Arterienwände, weshalb sie eher zu Arteriosklerose beitragen.
Ein Standard-Bluttest kann daher leider nur sehr wenig Aufschluss über die tatsächliche Herzgesundheit einer Person geben, da die Partikelgröße dabei nicht aufgeschlossen wird.

Was ist, wenn sich mein LDL-Wert durch Keto erhöht?

Manche Menschen erleben einen drastischen Anstieg des LDL-Wertes. Ich gehöre auch dazu. Doch keine Sorge, das kann verschieden Gründe haben. Zum einen könnte es auf den raschen Gewichtsverlust zurückzuführen sein, da Cholesterin im Fettgewebe mobilisiert wird, wenn die Fettzellen schrumpfen. Das können zwischen 100–200 Gramm täglich sein, wodurch der LDL-Spiegel im Blut erhöht wird. Dieser Prozess kann ein bis zwei Monate andauern. Verliert der Körper kein drastisches Gewicht mehr, reguliert sich der LDL-Spiegel und kehrt zu seinem ursprünglichen Wert zurück. Das freigesetzte Cholesterin wird von der Leber aufgenommen, welche es in die Galle schleust. Dort wird es anschließend gespeichert und schlussendlich über den Verdauungstrakt ausgeschieden.
Du musst Dir also keine Sorgen machen, solange die anderen Biomarker sich deutlich verbessert haben. Sind Deine Triglyceride beispielsweise durch die Ernährungsumstellung stark gesunken, ist vermutlich auch die Anzahl an gefährlicheren kleinen LDL-Partikeln gesunken. Zusätzlich verbessert sich normalerweise auch der HDL-Wert, welcher bekanntlich das Herzinfarktrisiko mindert.

Das Makro-Trio –

Kohlenhydrate, Fette und Proteine kurz erklärt

Die Nährstoffe, die unser Körper täglich als Brennstoff verwendet, werden als Makronährstoffe (oder kurz Makros) bezeichnet und bestehen aus Fetten (9 Kalorien pro Gramm), Proteinen (4 Kalorien pro Gramm) und Kohlenhydraten (4 Kalorien pro Gramm). Die traditionelle deutsche Ernährung ist sehr kohlenhydratlastig. Die Makros bei der Keto-Diät unterscheiden sich darin, dass die Kohlenhydrate sehr niedrig gehalten werden (5 % des täglichen Kalorienbedarfs), Proteine eher moderat (20 %) und Fett als Hauptenergielieferant (75 %) den größten Anteil einnimmt. Diese Werte sind dahingehend flexibel, dass, wenn man sich aus therapeutischen Gründen (z. B. bei Epilepsie) ketogen ernähren möchte, der Fettbedarf sogar noch höher sein kann (80 % oder mehr). Wenn man sportlich sehr aktiv ist, kann der Proteinanteil von 20 % auf bis zu 30 % steigen.

Grundsätzlich gilt, je weniger Kohlenhydrate aufgenommen werden, desto größer der Effekt auf die Gewichtsabnahme und Stoffwechselprobleme wie z. B. Typ-2-Diabetes.

Ich möchte Dir kurz erklären, was die einzelnen Makronährstoffe ausmacht und wie sie sich auf unseren Stoffwechsel auswirken. Es ist wichtig zu verstehen, wie unterschiedlich unser Körper auf diese Makros reagiert. Aber hab keine Angst, ich halte es so kompakt und unkompliziert wie möglich. Also mach Dich bereit für einen Crash-Kurs in Ernährungslehre!

KOHLENHYDRATE

Wie oft habe ich schon gehört: „Der Körper braucht Kohlenhydrate, sonst bekommt er keine Energie." Gerade als ehemalige Leistungssportlerin wurde mir immer wieder gesagt, wie wichtig es sei, drei bis vier Stunden vor dem Spiel oder Training eine ordentliche Nudelportion zu essen, damit ich auch bloß genug Energie habe. Ohne Nudeln also keine Pucks stoppen. Ist klar!

Und dann komme ich jetzt mit diesem interessanten Fakt daher: Es gibt ***neun essentielle Aminosäuren*** (die Bausteine der Proteine) und ***zwei essentielle Fettsäuren***, aber ***keine essentiellen Kohlenhydrate***. Das bedeutet, dass Kohlenhydrate nicht über die Nahrung zugeführt werden müssen, im Gegensatz zu Protein und Fett. Da staunst Du, was?!

Es gibt drei Arten von Kohlenhydraten:

MONOSACCHARIDE

Einfachzucker = einfache Kohlenhydrate

Zu den Monosacchariden gehören Glukose (die einfachste Form von Zucker), Fruktose (Fruchtzucker) und Galaktose (Milchzucker).

DISACCHARIDE

Zweifachzucker = zwei miteinander verbundene Monosaccharide

Zu den Disacchariden gehören Sukrose (Haushaltszucker = Glukose gebunden an Fruktose) und Laktose (Milchzucker = Glukose gebunden an Galaktose).

Mono- und Disaccharide = ***„einfache Kohlenhydrate“***. Für den Körper einfach zu zerlegen. ***Der Blutzuckerspiegel steigt dadurch schnell an.***

POLYSACCHARIDE

Mehrfachzucker = mehr als 10 aneinander gebundene Monosaccharide

Dazu gehören Stärke (z. B. in Brot, Nudeln, Reis und Müsli), Zellulose (Hauptbestandteil pflanzlicher Zellwände), Dextrose (z. B. in Trauben und Honig) und Pektin (Marmelade).

Polysaccharide = ***„komplexe Kohlenhydrate“***. Es müssen mehr Ketten aufgespalten werden, daher braucht der Körper länger, um sie zu verarbeiten. ***Der Blutzuckerspiegel steigt dadurch langsam an.***

Was ist der Glykämische Index?

Die Kohlenhydratzufuhr bei der ketogenen Ernährung wird grundsätzlich sehr niedrig gehalten, um einen großen Anstieg des Blutzuckerspiegels zu vermeiden. Der Glykämische Index gibt an, wie schnell Kohlenhydrate den Blutzucker ansteigen lassen und dadurch die Insulinausschüttung der Bauchspeicheldrüse anregen. Auf einer Skala von 0 bis 100 hat Glukose den Referenzwert 100 und lässt den Blutzuckerspiegel am schnellsten ansteigen. Du findest im Internet viele Listen dazu. Generell haben die keto-freundlichen Lebensmittel einen niedrigen Glykämischen Index.

Das passiert mit Glukose:

Kohlenhydrate werden bei ihrer Verdauung in Glukose aufgespalten. Dadurch steigt der Blutzuckerspiegel an und Insulin wird aus der Bauchspeicheldrüse freigesetzt. Insulin ermöglicht daraufhin, wie ein Schlüssel, die Aufnahme von Glukose in die Zellen des Körpers, indem es die Insulinrezeptoren quasi „aufschließt". Ohne Insulin würde die Glukose nicht in die Zellen gelangen, wo sie in Energie umgewandelt wird. Bei Diabetikern ist dieser Mechanismus gestört.

Ein Erwachsener verbrennt im Ruhezustand maximal 50 Kalorien an Glukose pro Stunde. Die restliche Glukose aus der Nahrung wird als Glykogen in den Muskeln und der Leber gespeichert. Die Speicherkapazität der Muskulatur ist jedoch begrenzt auf 1.000 bis 2.000 Kalorien bzw. maximal 400 bis 500 Gramm Glykogen, je nach Fitnesslevel und Muskelmasse, denn je mehr Muskeln ein Mensch hat, desto mehr Glykogen kann gespeichert werden.

Sind diese Speicher voll, übernimmt die Leber die Arbeit und konvertiert die überschüssige Glukose zu Fett, um einen extremen Anstieg des Blutzuckerspiegels zu vermeiden. Diesen Vorgang nennt man de novo Lipogenese („Fett wird von Neuem hergestellt").

Die daraus entstandenen Fettsäuren werden in Triglyceride umgewandelt und in den Blutkreislauf geschleust. Dadurch steigt der Triglyceridspiegel im Blut an. Wenn Glukose oder Fruktose einmal in Fett umgewandelt wurden, können sie nicht wieder zurück in Blutzucker umgewandelt werden. Ein übermäßiger Kohlenhydrat-Konsum ist also dafür verantwortlich, dass wir Fett einlagern und die Blutfettwerte ansteigen, welche zu Plaque-Ablagerungen in den Arterienwänden führen können, nicht das Nahrungsfett!

Das passiert mit Fruktose:

Fruktose (Fruchtzucker) kann nicht direkt in Glukose umgewandelt werden, sondern wird von der Leber in Fett umgewandelt. Dies kann tatsächlich zu einer Leberverfettung führen. Wenn Du also Frutarier-Freunde hast, darfst Du sie gerne darauf hinweisen.

Was sind Netto-Kohlenhydrate?

Wenn Du mittels einer App (z. B. MyFitnessPal, Lifesum) Deine Kohlenhydratzufuhr von ca. 20 Gramm pro Tag im Blick behältst, zählst Du hierbei am besten die netto-Kohlenhydrate. Der Begriff bezieht sich auf die Menge an Kohlenhydraten, die ein Lebensmittel nach Abzug der Ballaststoffe enthält. Da Ballaststoffe nur minimal vom Körper aufgenommen werden und demnach keinen Einfluss auf den Blutzuckerspiegel haben, werden sie nicht mitgezählt. Wenn ein Lebensmittel beispielsweise 10 Gramm Gesamt-Kohlenhydrate aufweist, von denen 6 Gramm Ballaststoffe sind, ziehst Du diese von den 10 Gramm ab und kommst somit auf 4 Gramm netto-Kohlenhydrate.

Wenn Du ein Keto-Produkt hast, in dem Zuckeralkohole (z. B. Erythrit) enthalten sind, kannst Du diese ebenfalls von den Gesamt-Kohlenhydraten abziehen. Sie werden auf ähnliche Weise wie Ballaststoffe verarbeitet und mit dem Urin ausgeschieden. Bitte nur aufpassen bei z. B. Riegeln mit den Zuckeraustauschstoffen Maltit oder Isomalt. Diese können eine Insulinreaktion hervorrufen und sind daher nicht zu empfehlen.

FETTE

Fett hat bekanntlich keinen guten Ruf. Jahrelang konnte kein Lebensmittel fettarm genug sein, alle mussten plötzlich auf ihren Cholesterinspiegel achten und der Gedanke an ein fettes Schweinekotelett und Sahnesauce verursachte gefühlt schon einen mittleren Herzinfarkt. Und das soll jetzt anders sein? Wie Du bereits gelernt hast, sind die Kohlenhydrate das Problem und nicht allein fettreiche Nahrung. Fett hat in unserem Körper neben der Energiebereitstellung noch einige andere wichtige Funktionen. So hilft es z. B. die fettlöslichen Vitamine A, D, E und K aufzunehmen. Es erhält die Gesundheit unserer Zellen, einschließlich der Haut- und Haarzellen, aufrecht, reguliert Entzündungen und Immunität, ist Hauptbestandteil von Steroidhormonen und macht unser Essen schmackhafter und sättigender. Und jetzt ein richtig fetter Fact: das Gehirn und die Leber bestehen hauptsächlich aus Fett! Da bist Du baff, oder? Also brauchen wir dringend Fett, um eine optimale Gehirnleistung zu garantieren.

Alles über Fettsäuren:

Unser Nahrungsfett besteht aus Triglyceriden. Jedes Triglyceride enthält ein Glycerinmolekül, das an drei Fettsäureketten, bestehend aus Kohlenstoff- und Wasserstoffatomen, gebunden ist. Die Klassifizierung der Fettsäuren wird von der Anzahl der Bindungen, die sie zwischen den Kohlenstoffen in ihren Ketten enthalten, bestimmt.

GESÄTTIGTE FETTSÄUREN

... bleiben **bei Raumtemperatur fest**. Sie weisen **keine Doppelbindungen** zwischen den Kohlenstoffen in ihren Ketten auf, sind dafür **mit Wasserstoff „gesättigt"**. Je nachdem wie viele Kohlenstoffatome diese besitzen, sind sie entweder kurzkettig (bis zu 6 Kohlenstoffatome), mittelkettig (6–10 Kohlenstoffatome) oder langkettig (mehr als 10 Kohlenstoffatome). Kurz- und mittelkettige Fettsäuren gelangen direkt in die Leber, um Energie zu produzieren, wogegen langkettige Fettsäuren einen längeren Transportweg haben. Gesunde Quellen für gesättigte Fette sind Butter, Kokosöl und Schmalz.

In fett-adaptierten Menschen führt eine Ernährung, die reich an gesättigten Fettsäuren ist, zu einer Senkung der gesättigten Fettsäuren im Blut, da eine deutlich bessere Fettverbrennung und -verwertung stattfindet. Die gesättigten Fettsäuren werden als allererstes zur Energiegewinnung innerhalb der Zellen verbrannt, was eine Ansammlung verhindert.

MEHRFACH UNGESÄTTIGTE FETTE

... haben **mehr als eine Doppelbindung** zwischen den Kohlenstoffen in ihren Ketten. Zu den mehrfach ungesättigten Fettsäuren gehören die **Omega-3- und Omega-6-Fettsäuren**. Diese sind nach der Position der ersten Doppelbindung in ihren Kohlenstoffketten benannt. Das optimale Verhältnis der Zufuhr von Omega-3 zu Omega-6 sollte bei 1:5 liegen, doch liegt es heutzutage eher bei 1:20. Gesunde Quellen für mehrfach ungesättigte Fette sind beispielsweise fetter Fisch, das Fleisch grasgefütterter Nutztiere, Eier, Leinsamen und Nüsse.

EINFACH UNGESÄTTIGTE FETTE

... sind **flüssig bei Raumtemperatur** und haben in ihren Ketten **eine Doppelbindung** zwischen den Kohlenstoffen, sind aber **nicht mit Wasserstoffatomen verbunden**, von daher **„ungesättigt"**. Gesunde Quellen für einfach ungesättigte Fette sind z. B. Olivenöl, Nussöl, Avocadoöl.

OMEGA-6-FETTSÄUREN

... kommen in fast allen Lebensmitteln vor, insbesondere jedoch in verarbeiteten Lebensmitteln und Pflanzenölen, wie z. B. Distel-, Sonnenblumen-, Soja- und Rapsöl. Diese Öle sollten idealerweise nicht verzehrt werden, da sie stark verarbeitet sind und Entzündungen im Körper hervorrufen können.

OMEGA-3-FETTSÄUREN

... sind **Alpha-Linolensäure (ALA), Eicosapentaensäure (EPA)** und **Docosahexaensäure (DHA)**. EPA und DHA sind in fettem Fisch (z. B. Lachs, Makrele) und Fleisch aus Weidehaltung enthalten. Sie sind wichtig für die Gesundheit des Gehirns und gleichzeitig entzündungshemmend.

TRANSFETTE

... haben **Doppelbindungen**, die **mit Wasserstoffatomen auf den gegenüberliegenden Seiten** angereichert sind. Sie sind **fest bei Raumtemperatur**. Ungesättigte Fettsäuren werden hier also künstlich zu gesättigten Fettsäuren verarbeitet, indem ihnen Wasserstoff zugeführt wird. Der Großteil der Transfette ist in verarbeiteten Lebensmitteln vorzufinden, beispielsweise Margarine, und wird häufig in der Fast-Food-Industrie zum Frittieren verwendet, da sie immer wieder verwendbar sind. Transfette können sich negativ auf Dein Herz und Deinen Cholesterinspiegel auswirken, da sie das HDL („gute") Cholesterin senken und das LDL („schlechte") Cholesterin erhöhen, Du solltest sie daher dringend vermeiden!

PROTEINE

Proteine bestehen aus 20 ***verschiedenen Aminosäuren***, von denen ***neun essentiell*** sind, d. h. der Körper kann sie nicht selbst bilden, weshalb sie über die Nahrung aufgenommen werden müssen. Proteine werden bei der Verdauung in die einzelnen Aminosäuren zerlegt. Proteine sind für den Menschen lebensnotwendig, da sie an unzähligen physiologischen Prozessen beteiligt sind. Sie dienen als Baustein für die Produktion von Antikörpern, Enzymen, und Hormonen, zum Ausgleich des Säure-Basen-Haushalts, als strukturelle Komponenten der Zelle, als Bestandteil von Bändern und Sehnen, Knochen, Haut, Haaren und Nägeln sowie der Synthese von neuem Muskelgewebe, Muskelaufbau und -reparatur. Ohne Proteine kein Muskelwachstum. Für den Muskelaufbau und deren Regeneration sind die Aminosäuren Leucin, Isoleucin und Valin, die zu den Branched-Chain Amino Acids gehören (auch BCAAs genannt), die wichtigsten.

Wirft mich zu viel Protein aus der Ketose?

Ist die Proteinzufuhr zu hoch, kann die Ketose behindert werden. Aminosäuren, wie z. B. Alanin, können bei Energieengpässen in durch die bereits beschriebene Glukoneogenese in Glukose umgewandelt werden. Daher empfiehlt es sich, den Tagesbedarf an Kalorien aus Proteinen bei 20 bis maximal 30 % zu belassen. Sportlich sehr aktive Menschen benötigen mehr Protein und müssen sich selbst bei einer ketogenen Ernährung keine Sorgen machen, wenn sie an Trainingstagen mal 10–20 Gramm mehr zu sich nehmen. In dem Fall wird das Protein schnell von der Muskulatur für den Aufbau und die Reparatur verwertet, so dass keine Gefahr besteht, den Prozess der Glukoneogenese zu aktivieren. In der Regel liegt die optimale Menge an täglichem Proteinbedarf zwischen 1,2–1,5 Gramm pro Kilogramm Körpergewicht, bei Sportlern bis zu 1,7 Gramm.

Dein Keto-Start –

10 Schritte in Dein ketogenes Leben

Jetzt, wo Du das nötige Hintergrundwissen zur Keto-Diät hast, bist Du bereit, die einzelnen Schritte zu gehen, die Dir einen guten und erfolgreichen Start in Dein ketogenes Leben ermöglichen werden. Du bekommst von mir eine genaue Anleitung, um potentielle Fehler zu vermeiden und möglichst effektiv Deine Ziele zu erreichen. Bist Du bereit?

Let's get ready to keeeetooooooo!

1. MAKROS AUSRECHNEN MIT DEM KETORECHNER

Zunächst solltest Du Deinen Kalorienbedarf und die optimale Makronährstoffverteilung für Dein Alter und Geschlecht, Deine Größe, Deinen Körperfettanteil und Fitnesslevel ausrechnen. Gehe dazu auf meine Webseite

www.deestricker.com/ketorechner

und gebe Deine Daten in die entsprechenden Felder im Ketorechner ein. Bei *netto Kohlenhydrate* gibst Du 20 Gramm ein.

Der Rechner errechnet dann in Gramm Deinen täglichen Bedarf an Kohlenhydraten, Proteinen und Fetten sowie auch Dein Kalorienziel. Die errechneten Werte für die Kohlenhydrate und Proteine bleiben für alle Ernährungsziele gleich. Ausschließlich der Fettwert bestimmt darüber, ob das Gewicht gleichbleibt, ab- oder zunimmt. Wenn Du abnehmen möchtest, würde ich mich an den errechneten Werten für eine kleine bis moderate Gewichtsreduktion orientieren. So hast Du trotzdem genug Energie.

2. KALORIENZÄHLEN ZU BEGINN

Nur am Anfang und auch nur aus dem Grund, dass Du erst einmal ein Gefühl dafür bekommst, wie viele Kalorien Deine einzelnen Mahlzeiten haben. In der Regel braucht man, wenn man sich auf eine ketogene Ernährung eingependelt hat und keto-adaptiert ist, keine Kalorien zu zählen. Du wirst viel effizienter in der Nutzung von Fett als Brennstoff, sodass Du von etwas mehr Fett nicht sofort zunimmst. Du kannst im Grunde so viel Fett essen, bis Du satt bist. Das passiert bei einer fettreichen Ernährung natürlich deutlich schneller und bei kleineren Mengen als bei einer kohlenhydratlastigen.

Wieviel Fett darf ich essen?

Du wirst merken, dass Du nach wenigen Wochen schon keine drei Mahlzeiten mehr schaffst, weil Du von Frühstück und Abendessen pappsatt bist. Sei aber trotzdem gewarnt: Wenn Du mehr Fett isst als nötig, kann dies die Gewichtsabnahme behindern oder sogar stoppen. Der Körper verbrennt sein eigenes Fett weniger, wenn Du ihm übermäßig viel Nahrungsfett zuführst. Dabei wollen wir doch unbedingt unsere eigenen Fettreserven anzapfen!

Bulletproof-Coffee und Fatbombs

Daher rate ich auch vom Verzehr von „Fatbombs" (kleinen, süßen oder herzhaften Fettbomben in Pralinenform, um auf den täglichen Fettbedarf zu kommen) ab. Oder auch davon, jeden Tag Unmengen an Butter oder MCT-Öl in Deinen Kaffee (z. B. wie bei Bulletproof-Coffee) zu schütten. Gerade hier addieren sich die Kalorien und Fettmengen schnell. Lass Dir lieber Platz für „richtige, feste" Nahrung, die Dich richtig satt macht. Denn auch ein gewisses Nahrungsvolumen dehnt den Magen aus und signalisiert Sättigung.
Es ist also nicht zwingend erforderlich, den täglichen Fettbedarf zu erreichen. Wenn Du satt bist, bist Du satt. Zwinge Dich nicht mehr zu essen, wenn Du nicht hungrig bist. Achte aber auch darauf, nicht zu wenig Fett zu essen. Wenn das der Fall ist, wirst Du vermutlich hungrig bleiben und hast möglicherweise auch nicht genug Energie.

3. APP-TRACKING VIA ERNÄHRUNGSAPP

Die ersten Wochen empfehle ich Dir, ein Ernährungstagebuch zu führen. Hierfür gibt es diverse Apps, wie z. B. *MyFitnessPal* oder *Lifesum*. Der Vorteil liegt darin, dass Du ein besseres Gefühl dafür bekommst, wieviel von welchen Makros Du zu Dir nimmst und wie hoch Deine Kalorienzufuhr tatsächlich ist. Das hilft Dir, zu sehen, ob Du auf dem richtigen Weg bist. Isst Du ausreichend Fett, sind die Kohlenhydrate niedrig genug, ist die Proteinzufuhr im richtigen Rahmen und stimmt die Kalorienzufuhr? Häufig kommt es vor, dass sogar zu wenig Kalorien aufgenommen werden. Das führt dann zu Hunger, Energieabfall und auch einem Stopp der Gewichtsreduktion (falls diese Dein Ziel sein sollte).

Ich hatte anfangs das „Problem", dass ich nach längerer Low-Carb-Ernährung immer zu viel Protein gegessen habe. 10 bis 20 Gramm über Deinem errechneten Bedarf sind nicht dramatisch, aber bei mir waren es deutlich mehr. Die App half mir, diesen Fehler zu erkennen und meine Proteinzufuhr entsprechend anzupassen. Was natürlich etwas müßig ist: Du musst alles abwiegen, sonst kannst Du keine genauen Angaben machen. Deshalb gibt es auf Seite 58 auch eine Tabelle, die Dir helfen soll, genauere Angaben zu machen.

Dass man das nicht ewig machen möchte, ist verständlich und auch nicht notwendig. Du wirst nach ein paar Wochen merken, dass Du Dich bei den gleichen Lebensmitteln und Portionsgrößen einpendelst und bekommst dann automatisch ein Gespür dafür, ob Du „im grünen Bereich" bist. Das gilt nicht nur für die Makros, sondern auch für die Kalorien. Daher ist es nach einer gewissen Keto-Adaption auch nicht mehr notwendig, Kalorien zu zählen. Du wirst schneller satt sein, weniger Hunger haben und generell weniger Mahlzeiten zu Dir nehmen.

Zusätzlich findest Du im Rezeptteil Angaben zu den Produkten, die ich in den Gerichten verwendet habe und die zu den Nährwertangaben unter jedem Rezept geführt haben, da die Nährwerte je nach Hersteller teilweise stark variieren können.

4. ESSENSHÄUFIGKEIT VERRINGERN, WENN MÖGLICH INTERVALLFASTEN

Das bringt uns zum nächsten Punkt. Wie oft soll ich essen? Ist Frühstück nicht „die wichtigste Mahlzeit des Tages"? So wurde es uns von Oma immer eingebläut, erinnerst Du Dich?

Mittlerweile ist dieser lieb gemeinte Hinweis (und ganz ehrlich, wer konnte Omas Pfannkuchen, Haferbrei oder liebevoll belegten Stullen schon widerstehen?) widerlegt.

Ein weiterer Mythos ist, dass mehrere Mahlzeiten und regelmäßige Nahrungsaufnahme den Stoffwechsel ankurbeln sollen. Es gibt zahlreiche Studien, die dies nicht wissenschaftlich bestätigen konnten. Meine Empfehlung ist, Dich auf zwei Hauptmahlzeiten und, wenn nötig, einen kleinen Snack dazwischen zu beschränken. Das kann z. B. ein spätes Frühstück, oder eher ein Brunch gegen 11 Uhr, und dann ein Abendessen gegen 18 Uhr sein. Wenn Du anfangs dazwischen noch Hunger bekommst, könnte ein Snack gegen 14–15 Uhr helfen. Nach einiger Zeit wirst Du merken, dass Du bis zum nächsten Essen keinen Hunger mehr hast.

Idealerweise liegen zwischen Abendessen und der ersten Mahlzeit am nächsten Morgen mindestens 14 Stunden, denn das ist der Zeitraum, den der Körper braucht, um in einen Fastenzustand zu kommen. Beim Intervallfasten wird innerhalb eines bestimmten Zeitfensters gegessen, in der Regel innerhalb von 8 Stunden. Die restlichen 16 Stunden wird keine Nahrung aufgenommen. Auch wenn das Intervallfasten für Deinen Erfolg nicht unbedingt notwendig ist, so ist es doch sehr effektiv, da es zu einer Erhöhung des Ketonspiegels im Blut führt.

Natürlich hängt der Zeitpunkt, den Du für Deine Mahlzeiten wählst, von Deinem Alltag ab. Das sieht für jeden Menschen anders aus. Versuche für Dich Deinen Rhythmus zu finden und lass Dich von Deinem natürlichen Hungergefühl leiten. Wenn Du um 7 Uhr aufstehst, dann aber noch keinen Bissen runter bekommst, dann warte, bis Du Hunger hast. Du musst Dir nicht unnötig etwas reinzwingen, nur weil die Uhr es so sagt. Du bekommst von mir auch noch ein paar tolle Snackideen. Auch im Rezeptteil findest Du ein paar Gerichte, die Du super zur Arbeit und unterwegs mitnehmen kannst.

5. KÜHLSCHRANK UND VORRATSKAMMER AUSMISTEN

Jetzt, wo Du weißt, wie häufig Du essen solltest und wie Du Deine Mahlzeiten am besten festhältst, geht's ans Ausmisten! Ja, Du hast richtig gehört. Der Schrott muss weg!

Solltest Du Familie haben, kannst Du für sie alle nicht-keto-freundlichen, haltbaren Lebensmittel separat in einer Schublade oder einem Schrank aufbewahren. Du machst Dir dann Deine eigene Ecke, wo nur Sachen für Dich drin sind. Das Gleiche gilt für Deinen Kühlschrank. Wenn Du allein bist oder Dein Partner sogar mitmacht, dann verschenke oder spende alles, was nicht in den Keto-Speiseplan passt. Wenn Du Platz geschaffen hast, geht's ans Befüllen mit keto-freundlichen Lebensmitteln!

6. FAMILIE UND FREUNDE MITEINBEZIEHEN

Apropos Familie. Erzähle Deiner Familie von Deinem Vorhaben und warum Du Dich für Keto entschieden hast. Sie sollen verstehen lernen, warum Du diesen Weg gehst, und dass Du ihre Unterstützung brauchst. Vielleicht mag sogar jemand mitmachen? Oder bei der Auswahl der Rezepte helfen. Solltest Du Kinder haben, werden sie zum Beispiel ganz sicher die „Hot-Dog-Pfanne" von Seite 94 ausprobieren wollen.

Es ist weder ein Problem noch ein großer Mehraufwand, nebenher eine Kohlenhydrat-Beilage für die nicht-Ketarier zuzubereiten. Mein Mann hat sich mein erstes Ketojahr über auch nicht ketogen ernährt. So bekam er morgens weiterhin sein Brot, zum Abendessen köchelte nebenher ein Topf mit Nudeln, Kartoffeln oder Reis. Du kannst ihnen also, entweder anstatt oder zusätzlich zu den Beilagen in diesem Buch, einfach noch eine Portion ihrer geliebten Kohlenhydrate mitkochen. Ein Beispiel wäre hier das „Erdnusshühnchen" von Seite 88, welches Du Dir mit den „Grünen Bohnen" von Seite 126 machst, und Deinen Liebsten kochst Du dazu einfach Reis. Bei den „Konjaknudeln mit Mandel-Pesto-Creme" von Seite 100 kannst Du für den Rest der Familie Spaghetti kochen und entsprechend eine größere Menge der Creme machen, je nachdem, wie viele Leute Du bekochen musst.

Deinen Freunden solltest Du auch von Deinem Vorhaben erzählen. Wenn ihr dann ins Café geht oder euch zum Essen verabredet, werden sie verstehen, dass Du den Kaffee neuerdings schwarz trinkst und anstatt des Cocktails eher die trockene Weißweinschorle und die Gemüsebeilage anstatt der Bratkartoffeln wählst. Gute Freunde werden Dich unterstützen und sich für Dich freuen. Wenn sie Deinen Erfolg sehen, wirst Du sie vielleicht sogar dazu motivieren mitzumachen.

7. MAHLZEITEN VORPLANEN UND EINKAUFSLISTE ERSTELLEN

Nun schau Dir in Ruhe die Rezepte in diesem Buch an und erstelle Dir eine Liste, wann Du welches Gericht ausprobieren möchtest. Ich setze mich einmal pro Woche hin und mache mir einen Mahlzeiten-Plan. So kaufe ich nicht zu viel und es kommen auch keine Lebensmittel um. Erstelle anhand Deines Planes und der Lebensmittelliste auf Seite 44 Deine Einkaufsliste und bestelle Dir, falls erforderlich, die entsprechenden Zutaten (z. B. Tasty Drops, Konjaknudeln, Blumenkohlreis). Die Tasty Drops beispielsweise halten ewig, da immer nur wenige davon verwendet werden, also musst Du sie auch nicht oft bestellen. Wenn Du erst einmal einen Grundstock an haltbaren Lebensmitteln da hast, musst Du lediglich die frischen Produkte einkaufen gehen. Ich finde es immer hilfreich, gewisse Dinge auf Vorrat im Regal zu haben, falls man doch mal spontan was zubereiten möchte oder keine Zeit zum Einkaufen hat. Du kannst auch vorkochen, wenn Du unter der Woche keine Zeit hast, Dich jeden Tag in die Küche zu stellen. Viele meiner Gerichte lassen sich in größeren Mengen vorkochen und über 2–3 Tage essen. Oftmals schmecken sie sogar noch besser, wenn sie einen Tag durchgezogen sind.

Und keine Sorge, Du musst kein Profi-Koch sein. Meine Rezepte erfordern keine großen Zutatenlisten und sind unkompliziert und schnell zuzubereiten. Das ist schließlich der Grund, warum Du genau dieses Buch in den Händen hältst.

8. MASS NEHMEN UND WIEGEN

Wenn Du alle Lebensmittel im Kühl- sowie Küchenschrank hast, steht ein weiterer wichtiger Schritt an, bevor Du Deine erste Keto-Mahlzeit isst: Maß nehmen und wiegen. Dieser Schritt ist wichtig, wenn Abnehmen Dein Ziel ist. So kannst Du in regelmäßigen Abständen nachhalten, ob Du auf dem richtigen Weg bist. Gerade beim Abnehmen ist es wichtig zu wissen, wo man steht.

Notiere Dir mit Datum Dein Gewicht und Dein Körperfett. Selbst wenn die Körperfettwaage nicht die akkurateste Methode ist, um das Körperfett zu bestimmen, so liefert sie doch einen Ausgangspunkt. Ich empfehle Dir, Dich stets zur selben Uhrzeit (am besten morgens vor der ersten Mahlzeit) und auf derselben Waage, einmal pro Woche, zu wiegen.

Maß nehmen solltest Du an der dicksten Stelle des Oberschenkels, des Oberarmes und des Bauches (ca. oberhalb des Bauchnabels). Notiere Dir diese Werte ebenfalls mit Datum. Das Maßband ist Dein größerer Freund als die Waage. Das sage ich nicht, weil sie oft so gemeine Zahlen anzeigt, sondern weil das Gewicht auch mal eine Zeit lang stagnieren kann. Wenn Du z. B. Krafttraining machst und Muskeln aufbaust, kann das Gewicht sogar nach oben gehen, da nach dem Training für eine kurze Zeit mehr Wasser eingelagert wird. Doch wenn Du regelmäßig (einmal pro Monat) Maß nimmst, wirst Du merken, dass Bauchumfang und Co. schrumpfen, auch wenn die Waage sich nicht weiter nach unten bewegen will. Das hilft Dir, motiviert zu bleiben. Ich habe teilweise wochenlang nicht abgenommen, doch der Bauchumfang war 2 cm weniger. Das zeigte mir, dass sich trotzdem was tut. Nach acht Monaten hatte ich tatsächlich 20 cm Bauchumfang weniger, ein echter Hammer!

9. DER KETO-GRIPPE VORBEUGEN UND SALZSOLE VORBEREITEN

Nebenwirkungen, besonders zu Beginn der Ernährungsumstellung, können natürlich immer auftreten. Ich selbst hatte glücklicherweise nur sehr wenige davon, die meist nach ganz kurzer Zeit verschwanden, sobald mein Körper sich an die ketogene Ernährung angepasst hatte.

Die häufigste Nebenwirkung, mit der man zu kämpfen hat, ist die ***Keto-Grippe*** (auch als ***„Keto-Flu"*** bekannt). Wenn der Körper sich von der Energiegewinnung aus Glukose auf Ketone umstellt, können grippeähnliche Symptome auftreten, die sich in Dehydrierung, häufigem Wasserlassen, übermäßigem Durst, Schwindel, Schläfrigkeit, Kopfschmerzen und Muskelkrämpfen äußern können. Der Grund dafür liegt darin, dass der Körper in den ersten Tagen viel Wasser verliert, und somit auch wichtige Mineralien wie Kalium, Natrium und Magnesium. So ist der anfänglich schnelle Gewichtsverlust auf Wasserverlust und nicht auf Fettverlust zurückzuführen. An das Körperfett geht der Körper erst, wenn man keto-adaptiert ist.

Das Salzsole-Rezept

Da dies besonders in der ersten Ketowoche vorkommt, empfehle ich Dir von Anfang an, jeden Morgen vor dem Frühstück zwei Teelöffel Salzsole (eine Lösung aus Wasser und Himalaya-Salz), eingerührt in ein halbes Glas stilles Wasser, zu trinken. Bis heute bleibe ich diesem Ritual treu. Himalaya-Salz enthält alle 84 Spurenelemente und Mineralstoffe, die vom Körper benötigt werden. Du bekommst es bei Alnatura, TK-Maxx, Handelshof, Rewe, Edeka und im Internet.

Ein niedriger Blutzuckerspiegel kann zu Müdigkeit, Lethargie, Reizbarkeit, oder Benommenheit führen. Verstopfung kann aufgrund der Dehydrierung und der drastischen Umstellung der Nahrungszusammensetzung ebenfalls eine mögliche Nebenwirkung sein. Aufgrund der fettreichen Ernährung kommt es bei manchen Menschen allerdings auch zu Durchfall. Diese Nebenwirkungen verschwinden in der Regel nach wenigen Tagen bis Wochen, wenn der Körper sich an die neue Ernährungsform gewöhnt hat.

Was kannst Du also tun, um der ***Keto-Grippe*** vorzubeugen? Am wichtigsten ist eine ausreichende Flüssigkeits- und Elektrolytezufuhr. Bei einer kohlenhydratreichen Ernährung wird Natrium (Salz) in den Nieren gespeichert, bei einer kohlenhydratarmen Ernährung hingegen wird ***Natrium*** vermehrt von den Nieren ausgeschieden. Normalerweise sorgt Insulin dafür, das Natrium eingelagert wird, doch wenn der Blutzuckerspiegel niedrig ist, fängt der Körper an, vermehrt Wasser auszuscheiden und somit auch Natrium sowie viele weitere Mineralstoffe. Deshalb solltest Du viel trinken. Der tägliche Natrium-Bedarf beträgt etwa 3–5 Gramm und der Kalium-Bedarf liegt bei 2–3 Gramm.

Das Rezept für die Salzsole inklusive Videoanleitung findest Du auf meiner Webseite: **www.deestricker.com/salzsole**

Neben der Salzsole kann auch selbstgemachte Hühner- oder Rinderbrühe den Elektrolytehaushalt unterstützen. Zusätzlich empfehle ich mit Magnesium (mindestens 400 mg) zu supplementieren, besonders wenn Du viel Sport machst. Und natürlich ist es immer wichtig, viel zu trinken.

10. SPORT UND BEWEGUNG INTEGRIEREN

Die Keto-Diät und Sport sind das absolute Dream-Team! Und das sage ich nicht nur, weil ich Fitnesstrainerin bin. Zum einen hilft sportliche Aktivität Dir besser und schneller in die Ketose zu kommen, zum anderen werden Deine Ausdauer und Kraft verbessert. Insbesondere Krafttraining hilft Dir, Muskulatur aufzubauen und mehr Fett zu verbrennen.

Fett wird in Form von Fettgewebe (Körperfett) sowie viszeralem Fett (Fett, welches die Organe umgibt) gespeichert. Die Skelettmuskulatur bevorzugt tatsächlich Fett als Energiequelle. Glukose verwendet sie nur, wenn der Blutzuckerspiegel zu hoch ist und die Glukose in die Muskeln als Glykogen abtransportiert werden muss.

Je mehr Muskulatur Du hast, desto mehr Kalorien setzt Du um, da Dein Grundumsatz gesteigert wird. Der Grundumsatz ist die Energie, die Dein Körper im Ruhezustand benötigt, um die physiologischen Grundfunktionen aufrecht zu erhalten. Außerdem wird durch mehr Muskulatur der Körper gestrafft und gefestigt. Muskeln haben eine größere Dichte als Fett, welches ein größeres Volumen hat. Wenn Du also den rundlichen Schwabbel loswerden willst, ist Krafttraining Dein Freund. Wichtig ist auch hier, einen Plan und einen guten Trainer zu haben, der Dich, entsprechend Deiner Ziele und Deines Gesundheitszustandes, anleitet. Allerdings wird Bauchfett nicht durch Unmengen von Sit-Ups verbrannt, sondern durch die richtige Ernährung. Deshalb ist die Keto-Diät hier genau der richtige Weg. Eine gut trainierte Rumpfmuskulatur (Bauch und unterer Rücken) hilft Dir dennoch ungemein, denn sie stabilisiert die Wirbelsäule und beugt einer schlechten Haltung und Rückenschmerzen vor.

Vergiss allerdings nie, dass die Genetik beim Aufbau von Muskulatur und Fitness eine große Rolle spielt, ebenso wie beim Abnehmen.

Falls Du absoluter Sport-Anfänger bist, lasse es am Anfang easy angehen. Da die Umstellung auf Keto etwas Zeit braucht, hast Du möglicherweise nicht genug Energie. Ich empfehle Dir, leichte sportliche Aktivitäten zu machen (walken, Radfahren, schwimmen) und nach 2–3 Wochen mit leichtem Ganzkörper-Krafttraining an Geräten zu starten.

Als Sport-Profi kannst Du mit Krafttraining weitermachen, doch passe die Gewichte und die Trainingsintensität entsprechend an, je nachdem wie es Dir energiemäßig in den ersten 1–2 Wochen geht. Fühlst Du Dich gut, kannst Du auch 2–3 HIIT-Einheiten (High Intensity Interval Training) einbauen, um besser und schneller in die Ketose zu kommen. Bei intensivem Training – bis zu 60 % der maximalen Anstrengung – wird nämlich das Glykogen in den Muskeln verbrannt, was die Glykogenspeicher optimal leert. Wenn Du bereits eine gewisse Zeit keto-adaptiert bist, ist es sogar effektiver auf nüchternen Magen zu trainieren, da dadurch der Ketonspiegel erhöht wird.

Unter Kraftsportlern wird oft wild diskutiert, ob man ohne Kohlenhydrate Muskeln aufbauen kann. Ihre Befürchtung ist, dass sich der Körper über die Glukoneogenese (der Umwandlung von Aminosäuren zu Glukose) seinen Brennstoff aus der Muskulatur holt und somit Muskelmasse

abbaut. Ketonkörper können jedoch den Muskelproteinabbau hemmen, da die Ketose die Fähigkeit, Proteine zu verwerten, verbessert. Eine ketogene Ernährung ist demnach proteinsparend, was bedeutet, dass unser Körper Ketone als primäre Energiequelle nutzt, anstatt Aminosäuren zur Energiegewinnung zu verbrennen.
Gerade beim Kraftsport ist die ketogene Ernährung sogar von Vorteil, da sie zu einem Aufbau an Muskelmasse und einem Abbau an Fettmasse führt. Dr. Jacob Wilson und Kollegen fanden in einer Studie 2017 heraus, dass man bei einer ketogenen Ernährungsweise ebenso gut Muskelmasse und Kraft aufbauen kann wie bei einer traditionell kohlenhydratreichen Ernährungsweise. Es braucht nur eine gewisse Zeit für die Umstellung von Kohlenhydraten auf Fette.

Für Ausdauersportler ist eine ketogene Ernährung ebenfalls von Vorteil, da das eigene Körperfett einen unerschöpflichen Energietank liefert. Da unsere Glykogenspeicher nur zwischen 400 und 500 Gramm Glykogen (entspricht ca. 1.600 bis 2.000 Kalorien) speichern können, ist der Kohlenhydrattank bei hoher Belastung relativ schnell geleert. Ist man allerdings nach gewisser Zeit fett-adaptiert, kann man von den eigenen Fettspeichern viel mehr und dauerhafter Energie schöpfen. Selbst die schlankesten Menschen haben Fettreserven von ca. 40.000 Kalorien. Wenn man sich also beim Rennen auf Kohlenhydrate in Form von Gels, Riegel und Bananen zur Energiegewinnung verlässt, hat man keinerlei Möglichkeit, sich aus den körpereigenen Fett-Tank-Reserven zu bedienen.

ZUSÄTZLICHE TIPPS UND TRICKS:

Was passiert, wenn ich schummle?

Natürlich ist es nicht ideal, wenn Du schummelst, da Dich das aus der Ketose wirft. Es kann sein, dass Du Bauchschmerzen bekommst und Dich danach schlapp fühlst. Ich empfehle Dir daher, die ersten Wochen so diszipliniert wie möglich zu bleiben, bis Du vollständig keto-adaptiert bist. Je länger Du nämlich vorab in der Ketose warst, desto schneller kehrst Du nach einem Schummeltag wieder in die Ketose zurück. Solltest Du mal geschummelt haben, dann lass es nicht einreißen und gerate nicht in Panik, nur weil Du ein Stück von Omas Geburtstagskuchen gegessen hast. Komm stattdessen schnell wieder auf Keto-Kurs. Du kannst auch einen Tag fasten oder Dich viel bewegen, um die Glykogenspeicher schnell zu leeren.
Auch wenn Du im Urlaub mal ein paar Tage der ketogenen Ernährung abschwörst, brauchst Du sie nicht gleich komplett über den Haufen zu werfen. Einfach danach wieder in die Keto-Spur wechseln und ein paar Tage Lethargie und Energielosigkeit überstehen, die oben erwähnte Strategie bzgl. Fasten etc. anwenden, und schon bist Du wieder drin.

Was mache ich, wenn ein Besuch im Restaurant oder bei einer Fast-Food-Kette ansteht oder ich auf eine Party eingeladen bin?

Häufig liest man, dass die Keto-Diät sich nicht mit einem Sozialleben vereinbaren lässt, aber das ist natürlich Schwachsinn. Fast jedes Restaurant bietet ketogene Mahlzeiten an. Beim Italiener kannst Du bedenkenlos Carpaccio, Vitello Tonnato, Minestrone, Fleisch oder Fisch mit Gemüse oder Salat essen. Du kannst die Kellner immer bitten, anstatt der üblichen Kartoffel-, Nudel- oder Reisbeilage mehr Gemüse auf den Teller zu bringen. Bisher hatte ich nie ein Problem damit. Beim Asiaten bestellst Du alles ohne Reis (Sashimi beim Sushi) und wählst Soja- oder Kokosmilch-Currysauce aus. Ideal sind insbesondere Steakhäuser und Tapas-Läden. Da finden sich reichlich keto-freundliche Gerichte.

Da ich als Merchandiserin viel mit Bands auf Tour bin, komme ich des Öfteren nicht um Fast-Food-Essen herum. Das liegt daran, dass es nach den Konzerten oft schon sehr spät ist und dann nichts anderes mehr geöffnet hat. Eher selten gibt es nach dem Konzert noch Catering. Wenn es also gar nicht anders geht, als bei den amerikanischen Burgerketten zu essen, dann wähle einen Burger ohne Brötchen und als Beilage einen Snack-Salat mit Dressing (haben i. d. R. 3 bis 4 Gramm Kohlenhydrate pro Portion).

Auf Partys kannst Du einfach etwas keto-freundliches mitbringen. Zu Grillpartys bringe ich immer einen meiner Salate oder ein Keto-Dessert mit. So kann ich sicher gehen, immer was zu finden, was ich essen kann. Meine Freunde und Familie sind inzwischen an meine Ernährung gewöhnt und bedenken netterweise immer, etwas zu machen, was ich auch essen kann. Bei den ganzen Veganern, Vegetariern und Laktose-Intoleranten die wir heutzutage haben, ist es ja fast schon Usus, sich auf eine bestimmte Ernährungsform einzustellen.

Was kann ich essen, wenn ich im Büro oder unterwegs auf Reisen bin?

Gut als kleinen Snack mitzunehmen sind Salamisticks, hartgekochte Eier, Nüsse, Mandeln, Kokoschips, dunkle Schokolade, Beerenobst, Oliven, Avocado, Snackgurken und Cocktailtomaten.
Als größere Snacks eignen sich Keto-Muffins, Sandwiches mit selbstgebackenem Keto-Brot, Keto-Kekse, und aus diesem Buch die „Keto-Brownies“ (Seite 140), die „Mandel-Kokos-Riegel“ (Seite 144), die „Pizza-Twists“ (Seite 112) die „Schnelle Keto-Brotscheibe“ (Seite 70) sowie die „Sesam-Cracker“ (Seite 134).

Wie hoch ist Deine Kalorienzufuhr?
Achte darauf, nicht zu viel Fett zu essen, besonders in Form von Nüssen oder Unmengen von Sahne im Kaffee. Das treibt die Kalorien unnötig in die Höhe und behindert Deinen Körper darin, sein eigenes Körperfett anzuzapfen. Nimm aber auch nicht konstant zu wenig Fett zu Dir, da Du aufgrund des zu großen Kaloriendefizits sonst ständig hungrig bist und Deinen Körper nicht mit ausreichend Energie versorgst. Dadurch kann sich auch Dein Stoffwechsel verlangsamen.

Sind Deine Kohlenhydrate niedrig genug?
Manche Menschen können Kohlenhydratmengen bis zu 50 Gramm pro Tag tolerieren und bleiben trotzdem in Ketose, andere müssen strikter bleiben und dürfen maximal 20 Gramm täglich aufnehmen. Halte noch mal ein paar Tage Deine Kohlenhydratzufuhr per App nach. Möglicherweise unterschätzt Du den Kohlenhydratanteil mancher Lebensmittel.

Isst Du genug oder zu viel Protein?
Auch hier empfehle ich Dir, nochmal ein paar Tage Deine Zufuhr in der App festzuhalten. Zu viel Protein kann die Ketose behindern (siehe Glukoneogenese auf Seite 13). Wenn Du viel Sport machst, musst Du vermutlich Deine Zufuhr um 10 bis 20 Gramm pro Tag erhöhen.

Hast Du probiert, Milchprodukte wegzulassen?
An Käse, griechischem Joghurt und Sahne kann man sich leicht überfressen. Zusätzlich enthalten sie immer noch eine kleine Menge an Milchzucker, was sich auf Deinem Kohlenhydrat-Konto und möglicherweise auch bei Deinem Blutzuckerspiegel bemerkbar macht. Milchprodukte enthalten i. d. R. viel Protein, welches die Ketose behindern kann. Lässt Du also die Milchprodukte weg, verringern sich sowohl die Kalorien als auch die Kohlenhydrate und Dein Blutzucker bleibt stabil. Im Rezeptteil findest Du auf Seite 52 einige Tipps, wie Du Milchprodukte ersetzen kannst.

Snackst Du zu häufig und zu viel?
Jeder Snack erhöht Deinen Blutzuckerspiegel und schleicht sich nebenbei auf Dein Kalorienkonto. Höre auf Dein Hungergefühl. Gegebenenfalls isst Du nicht genug Fett oder Protein bei Deinen Mahlzeiten und bist deshalb nicht satt genug. Führe am besten noch mal ein paar Tage per App Buch über Deine Zufuhr.

Trinkst Du genug?
Eine regelmäßige Wasserzufuhr ist sehr wichtig für sämtliche Körperfunktionen. Besonders am Anfang, wenn viel Wasser ausgeschwemmt wird, solltest Du ausreichend trinken. Hier werden zwei Liter pro Tag empfohlen.

Hast Du schon probiert zu Fasten?
Lies Dir hierzu noch einmal Schritt 4 auf Seite 32 durch. Du kannst auch gerne mal Eierfasten ausprobieren. Wenn Du neugierig bist was das ist und wieso es Dir helfen kann ein Plateau zu durchbrechen, dann besuche meine Webseite und lies Dir die genaue Anleitung mit Erfahrungsbericht und Rezepten durch:
www.deestricker.com/eierfasten

Bewegst Du Dich genug?
Regelmäßige Bewegung unterstützt Dich beim Abnehmen. Versuche sportlich aktiver zu werden und wenn Du nur zwei bis drei Mal die Woche für 30–60 Minuten spazieren gehst. Jedes bisschen hilft.

Machst Du viel Sport, aber immer Dasselbe?
Verändere die Intensität, Häufigkeit, Dauer oder Art der Bewegung, um neue Reize für Deine Muskulatur zu schaffen. Der Körper passt sich schnell an gewisse Bewegungsmuster an, daher ist es wichtig, die Übungen, den Trainingsumfang und die Trainingshäufigkeit in regelmäßigen Abständen zu variieren.

Die besten Lebensmittel

für die Keto-Diät

Endlich! Nachdem Du jetzt die komplette Anleitung für den effektivsten Weg in die Ketose bekommen hast, platzt Du sicherlich vor Neugier, welche Lebensmittel Du essen darfst und welche von Deinem Speiseplan gestrichen werden. Bitte nicht in Schnappatmung und Verzweiflung verfallen, wenn Du erst mal alles liest, was Du NICHT mehr essen darfst. Vertraue mir, es gibt ganz viele leckere Sachen, die bei vielen anderen Diäten absolut tabu sind, die Du dafür essen DARFST. Aaalso, bist Du bereit?

Grundsätzlich wird alles vom Keto-Speiseplan gestrichen, was Stärke oder Zucker enthält.

Keto-GOs

- **Aufschnitt:** Salami, Schinken (insb. Parmaschinken), Wurst, sofern sie keinen Zucker enthalten
- **Bestimmtes Obst:** Avocado, Brombeeren, Cranberries, Himbeeren, Erdbeeren, Heidelbeeren (Blaubeeren), Johannisbeeren, Limetten, Oliven, Rhabarber, Zitrone, Wassermelone in Maßen
- **Dunkle Schokolade mindestens 70 %:** je höher der Kakaoanteil, desto weniger Zucker
- **Eier:** in jeglicher Form – am besten aus Freilandhaltung oder Bio-Qualität
- **Fisch:** Garnelen, Krabben, Lachs (und Stremellachs), Makrele, Hummer, Sardinen, Hering, Matjes, Kabeljau, Seelachs, Oktopus, Muscheln, Thunfisch (möglichst aus Wildfang)
- **Fleisch:** Rind, Schwein, Hühnchen, Pute, Truthahn, Lamm, Ente, Gans, Wild, Innereien und Speck – nach Möglichkeit alles in grasgefütterter (Weidehaltung) oder Bio-Qualität
- **Gelatine**
- **Gemüse grün:** Salat, Spinat, grüner Spargel, Gurke, Rucola, Zucchini, Brokkoli, Grünkohl, Rosenkohl, Pak Choi, Paprika, Jalapeño, Okra, Artischocken, Fenchel, Mangold, Noriblätter, Stangenbohnen, Stangensellerie. Lauch und Frühlingszwiebeln in Maßen
- **Gemüse sonstiges:** Blumenkohl, Chinakohl, Weißkohl, Wirsing, Spitzkohl, Paprika, Tomate, Aubergine, Radicchio, Knollensellerie, weißer Spargel, Zwiebeln, Knoblauch, Ingwer, Chili, Kohlrabi, Radieschen, gelbe Zucchini, Pilze. Kürbis und Karotten nur in Maßen
- **Getränke:** Wasser, Tee (Kräuter, Früchte, grün und schwarz – ohne Maltodextrin oder Granulate), Kaffee, trockener Rot- oder Weißwein, trockener Sekt, klarer Alkohol (Gin, Wodka, Whisky, Tequila, Rum, Brandy) – nur in Maßen
- **Gewürze, Saucen & Co.:** Kräuter, Kresse, Sprossen, Senf, selbstgemachte Mayonnaise, Chilisauce, Sauce Hollandaise (Marke Lukull), Zitronen- und Limettensaft oder -zesten, Essig (Apfel, Weißwein, Rotwein)
- **Gute Fette:** Butter und Ghee (geklärte Butter), Schmalz, Kokosöl, Olivenöl, Avocadoöl, Nussöle
- **Kokosmilch, Kokosnuss, Kokoschips, Kokosraspeln**
- **Mandelmilch**
- **Milchprodukte mit hohem Fettgehalt:** Schlagsahne (33 %), Quark (40 %), griechischer Joghurt (10 %), Crème fraîche, Schmand, Frischkäse, Mozzarella, Schafs- und Ziegenkäse, Ricotta, Mascarpone, fetter Käse (Brie, Camembert, Gorgonzola, Gouda, Gruyere, Parmesan, Pecorino)
- **Nüsse, Kerne & Samen:** Chia- und Leinsamen, Macadamia, Pecannuss, Paranuss, Walnuss, Haselnuss, Erdnuss, Mandeln, Sonnenblumen-, Pinien-, Sesam- und Kürbiskerne. Cashews und Pistazien nur in Maßen
- **Zuckerersatz:** Erythrit, Stevia, Allulose, Sucralose nur in Maßen

Keto-NO-GOS

- **Bestimmtes Gemüse:** Rote Beete, Erbsen, Mais
- **Bestimmtes Obst:** die meisten Obstsorten, außer Beerenobst und ein paar wenige andere – Obst enthält zu viel Fruchtzucker
- **Brot- und Backwaren:** Brot, Nudeln, Kekse, Kuchen, Teilchen, Pizza
- **Cerealien:** Müsli, Haferflocken, etc.
- **Fertigprodukte:** alles was verarbeitet und industriell hergestellt ist, fertige Saucen, Marinaden, Mayonnaise, Ketchup, Dressings und Dips
- **Fleisch-, Fisch- und Wurstprodukte von minderwertiger Qualität / bzw. stark verarbeitet**
- **Frittiertes**
- **Getränke:** Softdrinks, Fruchtsäfte, Bier, die meisten Cocktails
- **Hülsenfrüchte:** Linsen, Kichererbsen, dicke Bohnen, Kidneybohnen
- **Künstliche Fette und Pflanzenöle:** Margarine, Pflanzenöle wie Sonnenblumenöl, Rapsöl, Distelöl, Traubenkernöl (nur ok, wenn sie kaltgepresst sind) – sie enthalten zu viele entzündungsfördernde Omega-6-Fettsäuren
- **Light-Produkte:** fettreduzierte oder fettarme Produkte – fast immer wird der fehlende Geschmack durch Zucker aufgefüllt
- **Milchprodukte:** fettarme oder Magermilch (1,5 % und 3,5 % Milch, Magerquark, Naturjoghurt) und Kondensmilch (enthalten zu viel Milchzucker)
- **Sättigungsbeilagen:** Kartoffelprodukte, Reis, Quinoa, Bulgur, Buchweizen, Hirse
- **Sojaprodukte:** außer fermentierte Sojaprodukte, wie z. B. Tempeh, Miso oder Sojasauce
- **Süßigkeiten & Co.:** Süßigkeiten, Riegel und Schokolade unter 70 %, Eiscreme, Chips, Trockenobst
- **Zucker & Co.:** Agavendicksaft, Ahornsirup, Honig, Rohrzucker, weißer und brauner Zucker

Und? Kannst Du noch atmen? Wenn Dich das zunächst überfordert, kann ich Dich beruhigen. Dafür hältst Du dieses Buch in den Händen. Du findest hier ganz viele Ideen für abwechslungsreiche, leckere und unkomplizierte Gerichte, die sich super variieren lassen. Ein paar der oben erwähnten Lebensmittel möchte ich noch kurz erläutern.

Wieso darf ich kaum Obst essen?

Es scheint zunächst absurd, nicht viel Obst essen zu dürfen. Doch das meiste Obst enthält zu viel Fruchtzucker (Fruktose), weshalb nur Früchte erlaubt sind, die wenig Kohlenhydrate haben und den Blutzuckerspiegel nicht drastisch ansteigen lassen. Am besten geeignet sind Beeren und die absoluten Superfrüchte Avocado (genau genommen auch eine Beere) und Oliven. Beide sind kohlenhydratarm und liefern gesunde, ungesättigte Fettsäuren. Viele der keto-freundlichen Gemüse (z. B. Kohl, Spinat, Paprika) liefern jede Menge Vitamine (z. B. Vitamin C), wie auch Fleisch und Fisch (wichtige B-Vitamine). Du musst Dir also keine Sorgen machen, solange Du auf eine ausreichende Zufuhr von verschiedensten Gemüsen achtest, dass du nicht ausreichend mit Vitaminen versorgt wirst.

Welche Zuckeralternativen sind erlaubt?

Viele Produkte, die wir heute im Supermarkt finden, beinhalten zugesetzte Zuckerarten, wie z. B. Agavennektar, Ahornsirup, Dextrose, Fruchtzucker, Honig, Kokosblütenzucker, Maissirup, Maltodextrin, Melasse, Milchzucker, Rohrzucker, weißen oder braunen Zucker oder Traubenzucker. Am Ende werden alle im Körper gleich verarbeitet, denn Zucker ist Zucker. All diese Zuckerarten sind bei der Keto-Diät tabu. Deshalb empfehle ich Dir stets, gerade bei verarbeiteten oder verpackten Produkten, die Verpackung umzudrehen und die Inhaltsstoffe zu studieren. Zuckeralternativen für Ketarier sind die natürlichen Süßstoffe Erythrit oder Stevia und in geringen Mengen Aromatropfen (z. B. Tasty Drops von GymQueen) bestehend aus dem künstlichen Süßungsmittel Sucralose.
Diese Zuckerersatzstoffe können eventuell bei manchen Menschen Verdauungsprobleme und Durchfall verursachen. Solltest Du Probleme damit haben, rate ich Dir, am besten darauf zu verzichten.

Warum darf ich kein Soja essen?

Leider sind viele Sojaprodukte stark verarbeitet und gentechnisch verändert, was wir bei einer ketogenen Ernährung vermeiden wollen. Der größte Teil des hier erhältlichen Tofus ist nicht fermentiert. Fermentierung verbessert den Nährstoffgehalt. Daher sind fermentierte Produkte wie Miso, Tempeh oder Soja-Sauce wiederum erlaubt. Außerdem enthalten Sojaprodukte einen hohen Anteil an Phytaten, die in größeren Mengen verzehrt Entzündungen verursachen können. Phytate blockieren die Aufnahme bestimmter Mineralien in den Körper. Daher wird empfohlen, bei der Keto-Diät auf Soja zu verzichten.

Wieso darf ich keine normale Milch trinken und keinen Naturjoghurt essen?

Der darin enthaltene Milchzucker (Laktose) ist zu hoch. 100 Milliliter Milch haben fast 5 Gramm Kohlenhydrate, flüssige Schlagsahne (33 % Fettgehalt) rund 3 Gramm. Naturjoghurt hat auf 100 Gramm ca. 6 Gramm Kohlenhydrate, wogegen griechischer Joghurt (10 % Fettgehalt) ca. 3,5 Gramm hat. Wenn man nur 20 Gramm Kohlenhydrate am Tag essen darf, addiert sich das schnell.

Was darf ich trinken – anti-alkoholisch?

Der Gewinner unter den Getränken ist ganz klar: Wasser. Mein Lieblingsgetränk Kaffee ist natürlich auch erlaubt. Wenn ihr mich mal irgendwo trefft, bringt mir gerne einen Kaffee mit, darüber freue ich mich immer! Man hat sogar rausgefunden, dass Koffein ketogen ist. Besser geht's nicht! Du kannst anstatt normaler Milch einen Schuss (30 ml) Sahne oder Kokosmilch in Deinen Kaffee geben, nur bitte nicht zu viel, denn die Kalorien addieren sich schnell. Alternativ geht auch Mandelmilch oder ein Stückchen (10 g) Butter mit einem Milchaufschäumer im Kaffee verquirlt. Tee ist natürlich in allen Varianten erlaubt, sofern er kein Granulat oder Maltodextrin enthält. Das ist in der Zutatenliste gelistet.

Falls du unbedingt Geschmack in Deinem Wasser haben willst, kannst Du Dir entweder Tee machen und in einer Trinkflasche erkalten lassen, ein paar Gurken- oder Zitronenscheiben in Dein Wasser geben oder ein paar Tropfen Tasty Drops hinzufügen. Gerade die fruchtigen Geschmacksrichtungen funktionieren sehr gut. Im Kaffee schmeckt auch Vanille, Haselnuss oder weiße Schokolade super.

Was darf ich trinken – alkoholisch?

Bestimmte Alkohole wie trockener Wein und Sekt können bei einer ketogenen Diät in Maßen konsumiert werden, sofern Du keine Leberprobleme o. ä. hast. Weine, die trocken sind, haben 2 Gramm Zucker oder weniger pro Liter. Allerdings hat ein Glas Rotwein (Cabernet Sauvignon, Chianti, Merlot, Spätburgunder, Zinfandel) ca. 150 Kalorien und ein Glas Weißwein (Grauburgunder, Weißburgunder, Sauvignon Blanc) ca. 140 (1 Gramm Alkohol hat 7 Kalorien). Ich tendiere meist zu einer trockenen Weißweinschorle. Auch klarer Alkohol ist in Maßen erlaubt. Dazu gehören u. a. Gin, Rum, Tequila, Wodka, Brandy, Whisky und Grappa.

Vorsicht ist bei Bier (ein Fläschchen kohlenhydratreduziertes Light-Bier wäre vermutlich ok, ich habe hier in Deutschland aber noch keins gefunden) und bei Cocktails geboten. Sie enthalten fast immer Obstsäfte, Zuckersirup oder Rohrzucker.

Einen Punkt gilt es noch zu bedenken: Alkohol behindert die Fettverbrennung. Der Körper muss sich, anstatt auf die Fettverbrennung, auf den Abbau des Alkohols konzentrieren. Demnach verbrennt er zuerst den Alkohol, bevor er wieder Fett verbrennt. Das kann den Abnehmprozess verlangsamen. Mein Tipp an Dich: Trinke immer viel Wasser nebenher, denn je länger Du Keto machst, desto schneller wirst Du von einem Glas Alkohol betrunken.

Jetzt hast Du sicherlich schon einige Keto-Lebensmittel gefunden, die Du gerne isst. Falls Du Dich bei einigen der gelisteten Lebensmittel fragst, wie Du sie zubereiten sollst oder was Du damit machen kannst, dann tauche jetzt direkt ins nächste Kapitel ein und lass Dich von meinen Rezepten und den zahlreichen Variationsmöglichkeiten inspirieren.

Auf die Rezepte, fertig, los!

ICH HAB‘ DA IMMER SO IDEEN …
EINE GESCHICHTE VON RICOTTA-MATSCHE UND CO.

Bei meinen Rezepten in diesem Buch erwartet Dich ein bunter Mix aus asiatischen, deftigen und mediterranen Gerichten. Klassiker wie Sauerkraut mit Würstchen oder Frikadellen mit Gurkensalat treffen auf asiatisches Erdnusshühnchen, Sushi sowie Paella und mit Feta gefüllte Schweinemedaillons. Auch der Bowl-Trend hat es in dieses Buch geschafft, daher darfst Du Dich auf eine Frühstücks-Bowl, Veggie-Bowl und Lachs-Bowl freuen. Und weil sie besonders schnell und unkompliziert sind, findest Du einige Pfannengerichte unter den Rezepten, so zum Beispiel eine Chinakohl-, Hot-Dog- oder Stroganoff-Pfanne.

Du fragst Dich sicher, woher ich die Inspiration für meine Rezepte nehme, wie ich sie entwickelt habe und wie ich ausgerechnet auf diese Auswahl kam.
Nicht zuletzt ist es vor allem das Feedback der Leser:innen, die sich weniger sahnelastige Gerichte, mehr vegetarische Rezepte und ein paar klassisch deutsche Gerichte gewünscht haben. Die Inspiration finde ich beim Durchstöbern meiner Kochbuchsammlung, bei Essensbildern auf Instagram oder im Internet. Mein kreatives Gehirn hört dann nicht mehr auf zu rattern – und dann sprudelt es nur so aus mir heraus. Verschiedene Varianten von süß bis herzhaft, mit Fleisch, Fisch oder vegetarisch, fruchtig, nussig oder schokoladig – alles wird ausprobiert und getestet.

Ich nehme häufig ein „nicht-keto“-Gericht und wandle es in eine Keto-Version um, oder ich finde eine Idee cool, verändere aber Zutaten, um es zu „meinem“ Rezept zu machen. Natürlich war das nicht immer so easy, weshalb das eine oder andere Gericht an die fünf Mal zubereitet wurde, bis es perfekt war. Immer wieder veränderten sich die Mengen verschiedenster Zutaten, dadurch die Konsistenz und / oder der Geschmack. Mein armer Ehemann musste den Flammkuchen zum Beispiel an die fünf Mal essen und auch so manch missglücktes Gericht ertragen. Ich erinnere mich an den Versuch der Ricotta-Pfannkuchen, die am Ende nur ein Haufen Matsche in der Pfanne waren, zwar sehr leckere Matsche, aber optisch eher Kategorie „Spachtelmasse“. Von anfänglich 50 Rezepten, waren am Ende nur fünf vollkommene Fails. Keine schlechte Quote würde ich sagen. Die 45 „Gewinner“ präsentiere ich Dir voller Stolz im nächsten Kapitel.

Die besondere Herausforderung für die Rezepte in diesem Buch war zusätzlich, dass sie einfach und in maximal 20 Minuten zubereitet sein sollten. Bei den vielen Gesprächen mit Freund:innen, Kund:innen und Leser:innen stellte sich als wichtigstes Kriterium heraus, dass es schnell gehen und ohne komplizierte, ellenlange Zutatenlisten auskommen sollte. Da ich natürlich auch nicht immer Lust und Zeit habe stundenlang in der Küche zu stehen oder bei drei verschiedenen Läden einzukaufen, um ein einziges Gericht zu kochen, stellte ich mich der „quick & easy"-Herausforderung.

Das hat nicht immer zu einhundert Prozent funktioniert, so dass z. B. die „Pizza-Twists" von Seite 112 aufgrund der Backzeit insgesamt bei 25 Minuten gelandet sind. Ich denke aber, da die reine Zubereitungszeit bei nur 10 Minuten liegt, und die restliche Arbeit der Ofen erledigt, kann man das verschmerzen. Dafür ist hinterher die Freude umso größer, denn die Dinger sind wirklich saulecker!

Genauso verhält es sich mit dem „Keto-Rocher-Kuchen" von Seite 142 und den „Mandel-Kokos-Riegeln" von Seite 144. Hier beträgt die reine Zubereitungszeit gerade mal 15 Minuten, doch leider musst Du Dich dann für 3 beziehungsweise 2 Stunden respektive gedulden, bis Du Dir diese Leckerbissen einverleiben darfst. Aber vertraue mir, das Warten lohnt sich!

Ein wichtiges Anliegen bei den Rezepten war für mich, dass keine Lebensmittel verschwendet werden. Oft kauft man ein Glas von irgendwas, braucht dann nur die Hälfte davon, und was passiert dann mit dem Rest? Der gammelt so lange im Kühlschrank in der zweiten Reihe vor sich hin, bis man ihn per Zufall erst wieder bemerkt, wenn man die danebenstehende Ketchup-Flasche aus dem Fach holt. „Ach ja, die eingelegten Gürkchen waren ja auch noch da!" Oder Du brauchst nur die halbe Chorizo-Wurst, z. B. für die „Paella-Pfanne" von Seite 108. Doch sonst hast Du keinen Plan, was Du damit machen sollst. Um dieses Problem zu lösen, habe ich bei den Rezepten, wo dies potentiell vorkommen kann, immer einen Tipp für Dich parat, wie Du das entsprechende Lebensmittel weiterverwendest. So kommt nichts um und es landen weniger Lebensmittel in der Tonne.

Der Eiweißanteil bei der ketogenen Ernährung sollte nicht allzu hoch sein. Aber manchmal lässt sich ein erhöhter Eiweißanteil bei einem Gericht nicht so leicht ändern, da Nahrungsmittel wie Hühnchen, Garnelen oder Rindfleisch von Natur aus reich an Eiweiß sind. So wirst Du feststellen, dass dies bei drei Rezepten der Fall ist: Dem „Erdnusshühnchen" (Seite 88), der „Paella-Pfanne" (Seite 108) und der „Stroganoff-Pfanne" (Seite 116). Um diesen Eiweißanteil auszugleichen und damit Du am Ende des Tages Deinen Bedarf nicht überschreitest, habe ich hier ein paar Strategien für Dich: an dem Tag ein eher fettlastiges Frühstück zu Dir nehmen, eine fetthaltigere Beilage wählen (zum Hühnchen z. B. die „Grünen Bohnen mit Pistazien-Pesto" von Seite 126), oder die eiweißhaltigen Speisen an den Tagen zu konsumieren, an denen Du Sport machst, denn da ist der Eiweißbedarf erhöht. Und nur so nebenbei erwähnt: Wenn Du mal 10 bis 20 Gramm über Deinem errechneten Eiweißanteil bist, schmeißt Dich das nicht zwingend direkt aus der Ketose. Du kannst also aufatmen und ruhig auch mal ein bisschen mehr von diesem Makronährstoff zu Dir nehmen. Schließlich bleibt es immer noch ein sehr wichtiger Baustein für unseren Körper.

So viel Fleisch und Fisch, geht das nicht auch vegetarisch?

Ich habe viel Feedback von Leser:innen bekommen, die sich vegetarisch ernähren oder einfach weniger Fleisch essen wollen, keinen Fisch mögen oder auf Milchprodukte verzichten. Deshalb war es mir wichtig, etwas für alle anzubieten. Von den 45 Gerichten sind mehr als 30 entweder von vorneherein vegetarisch, oder sie sind in einer vegetarischen Variante möglich. Wo dies möglich ist, findest Du hierzu beim Rezept immer einen speziellen Tipp.

An meine vegetarischen Freund:innen ein wichtiger Hinweis, esst bitte keine vegetarischen „Fake"-Produkte, wenn ihr euch strikt ketogen ernähren wollt. Das Hack oder die Würstchen bitte nicht gegen „Beyond-irgendwas-das-aussieht-wie-Fleisch-aber-keins-ist" ersetzen. Zum einen sind diese Produkte hochgradig verarbeitet mit endlosen Zutatenlisten und mit Geschmacksverstärkern versehen und zum anderen beinhalten sie meist Erbsenprotein, was ein komplettes „No-Go" bei der Keto Diät ist. Sehr schade eigentlich, hatte ich Erbsen vor Keto eigentlich immer sehr lieb.

So viel Sahne und Käse, geht das auch laktosefrei?

Eine ketogene Ernährung ist von Haus aus schon niedrig an Laktose, da ein hoher Milchzuckeranteil von vorneherein vermieden wird.

Grundsätzlich werden bei der ketogenen Ernährung keine Milchprodukte, wie z. B. Milch, Naturjoghurt oder Magerquark empfohlen, da sie zu viel Milchzucker, also Laktose, enthalten. Hartkäse und alter Käse, wie z. B. Cheddar, Parmesan oder Bergkäse kommen häufiger in meinen Gerichten vor, sollten aber aufgrund ihrer geringen Menge an Laktose (unter 1 Gramm auf 100 Gramm) keine Probleme verursachen. Generell gilt, je älter, härter oder fettreicher ein Käse ist, und auch je fermentierter das Milchprodukt ist, desto weniger Laktosegehalt.

Butter zum Braten kann durch Ghee (geklärte Butter), Kokos- oder Nussöle ersetzt werden. Am Ende musst Du natürlich selbst entscheiden, ob Dir die Zutaten bekommen oder nicht. Du kennst Deinen Körper besser als ich. Natürlich kannst Du auch bei einigen Gerichten auf laktosefreie Sahne, Feta, Crème fraîche oder Mozzarella zurückgreifen. Mandel- oder Kokosmilch als Milch- oder Sahneersatz sind auch möglich. Bitte nur keine Hafer- oder Sojamilch. Falls Du also eine Laktoseintoleranz hast, kannst Du demnach trotzdem viele der Gerichte genießen. 20 von ihnen sind definitiv laktosefrei oder beinhalten sehr geringe Mengen an Parmesan, Crème fraîche oder Ricotta. Na, das passt doch perfekt zu Keto!

Laktose, oder Milchzucker, besteht aus den beiden Zuckermolekülen Galaktose und Glukose, die miteinander verbunden sind. Um Laktose aufzunehmen, muss der Darm sie mit Hilfe des Enzyms Laktase in einen Einfachzucker aufspalten. Bei einer Laktoseintoleranz fehlt dieses Enzym oder ist in seiner Aktivität verringert.

VIELE, VIELE BUNTE SYMBOLE – VON BEILAGEN, HAUPTGERICHTEN UND CO.

Was bedeuten die einzelnen Symbole hinter Rezepttiteln?
Du hast sicherlich schon festgestellt, dass die einzelnen Rezeptnamen mit Symbolen versehen sind. Hier findest Du ihre Bedeutung:

= vegetarisch oder vegetarische Variante möglich

= als Hauptgericht möglich

= als Beilage möglich

Dass viele Gerichte in einer vegetarischen Version möglich sind, habe ich ja bereits erwähnt. Was allerdings auch machbar ist: Einige der vegetarischen Beilagen als Hauptgericht zu essen. Hierzu gehören der „Asiatische Krautsalat“ (Seite 122), der „Gebackene Spinat“ (Seite 124), der „Grüne Couscous“ (Seite 128), und das „Käse-Lauch-Gratin“ (Seite 132).

Weiterhin kannst Du, sofern genug Leute mitessen (2–3 Personen), den „Blumenkohl Mac'n'Cheese“ (Seite 82), die „Mediterrane Veggie Bowl“ (Seite 106) oder das „Pfifferlingrisotto“ (Seite 110) auch als Beilage servieren.

Welche Beilage passt zu welchem Hauptgericht?
Bei einigen Hauptgerichten findest Du einen Tipp, welche Beilage am besten dazu passt.
Wenn Du zu einem der Hauptgerichte eine Beilage servieren möchtest, dauert die Zubereitungszeit insgesamt natürlich etwas länger. Du könntest aber, als Beispiel, mit dem „Käse-Lauch-Gratin“ oder dem „Gebackenen Spinat mit Ricotta“ anfangen, und während die Beilage im Ofen ist, das Hauptgericht zubereiten. So sparst Du viel Zeit und alles ist zeitgleich fertig. Der „Gurkensalat“ sowie die „Grünen Bohnen mit Pistazien-Pesto“ sind superschnell fertig und lassen sich auch gut parallel kochen. Den „Asiatischen Krautsalat“ oder den „Grünen Couscous“ kann man auch schon am Vorabend zubereiten und dann am nächsten Tag zum Hauptgericht servieren. Wenn sie noch etwas länger durchziehen, schmecken sie tatsächlich noch besser.

HIER EINE ÜBERSICHT ÜBER DIE BESTEN HAUPTGERICHTE-BEILAGEN-KOMBINATIONEN:

Beilage/ Hauptgericht	Asiatischer Krautsalat (Seite 122)	Gebackener Spinat mit Ricotta (Seite 124)	Grüne Bohnen mit Pistazien-Pesto (Seite 126)	Grüner Couscous (Seite 128)	Gurkensalat (Seite 130)	Käse-Lauch-Gratin (Seite 132)
Erdnuss-hühnchen (Seite 88)	✔		✔	✔		
Flamm-kuchen (Seite 90)					✔	
Gebackener Lachs Asia-Style (Seite 92)	✔		✔	✔		
Hühnchen in Senfsauce (Seite 96)					✔	✔
Keto-Frikadellen (Seite 98)		✔	✔	✔	✔	✔
Mediterrane Medaillons (Seite 104)		✔	✔	✔	✔	✔

Die „Sesam-Cracker“ von Seite 134 passen auch super zur „Blumenkohlcreme-Suppe“ von Seite 80, und der „Zucchini-Hummus“ oder der „Macadamia-Hummus“ von Seite 135 eignen sich hervorragend als Dip zu den „Pizza-Twists“ von Seite 112.

Welche Gerichte eignen sich als Snacks?

Natürlich sind einige der Rezepte auch als Snacks zum Mitnehmen geeignet, da sie sich auch ohne Kühlung halten:

- Keto-Brownies (Seite 140)
- Mandel-Kokos-Riegel (Seite 144)
- Pizza-Twists (Seite 112)
- Schnelle Keto-Brotscheibe (Seite 70),
- Sesam-Cracker (Seite 134)

Die „Keto-Frikadellen" (Seite 98) und der „Flammkuchen" (Seite 90) können auch gut mitgenommen werden, sollten nur nicht allzu lange ohne Kühlung gelagert werden.

IT'S TOOL TIME!

Welche Küchengeräte brauche ich?

Um in der Küche schnell und effizient zu arbeiten, ist es sehr hilfreich in ein paar gute Küchengeräte zu investieren. Reiben, hobeln, mixen und Co. gehen einfach schneller, wenn man das entsprechende Werkzeug zur Hand hat. Doch keine Angst, solltest Du keine Küchenmaschine oder Mikrowelle besitzen und von Hand mit Reibe oder Hobel arbeiten, findest Du bei allen Rezepten stets eine alternative Zubereitungsmethode.
Beachte hierbei nur, dass sich die Zubereitungszeit möglicherweise um ein paar Minuten verlängert.
Die von mir am häufigsten verwendeten Küchengeräte, die ich Dir für die Zubereitung empfehle, sind:

- Knoblauchpresse
- Küchenmaschine mit Reibe-, Pürier- und Hobelaufsatz (alternativ Gemüsehobel- und Reibe)
- Küchenmaschine mit Schneebesen und Knethaken (alternativ Schneebesen)
- Handmixer
- Standmixer
- Pürierstab
- Zerkleinerer (ich verwende den Mr. Magic Mixer von GourmetMaxx)

Es ist immer hilfreich, sich vor Zubereitungsbeginn alle Geräte und Utensilien bereitzustellen, um direkt loslegen zu können. Das spart Zeit und man verliert nicht den Überblick.

OHA! WAS SIND DENN KONJAKNUDELN, ERYTHRIT UND TASTY DROPS?

Wo bekomme ich die „exotischen" Zutaten her?

In meinen Rezepten verwende ich einige Zutaten, von denen Du vermutlich noch nie gehört hast. Aber keine Sorge, Du bekommst sie im Internet und oft sogar auch im Supermarkt. Einmal bestellt, kommst Du auch eine Weile damit hin, so dass Du nicht ständig irgendwas bestellen musst.

BLUMENKOHLREIS:

Wird aus Blumenkohl hergestellt. Ich habe einen sensationellen, fertigen Blumenkohlreis der Marke Full Green entdeckt, der schon vorgegart ist und somit direkt in meinen Rezepten verwendet werden kann. Du bekommst ihn bei www.keto-up.de, www.simplyketo.de oder bei Amazon im Sechserpack.
Man kann ihn ebenfalls fertig roh kaufen oder ihn auch selbst herstellen, indem man die frischen Blumenkohlröschen über eine Gemüsereibe reibt. Um den selbstgemachten Reis für meine Rezepte zu verwenden, muss er zunächst kurz für 1–2 Minuten in heißem Wasser blanchiert werden. Es gibt Blumenkohlreis auch aus der Tiefkühlung, z. B. von Followfood, bei den Supermärkten Edeka, Rewe, Denn's und Alnatura. Diesen solltest Du entweder auftauen und sehr gut abtrocknen oder ebenfalls kurz blanchieren, bevor Du ihn in meinen Rezepten verwendest.
Noch ein kleiner Hinweis: Bitte keinen Konjak- oder Algenreis verwenden, da er sich von der Konsistenz anders verhält.

ERYTHRIT:

Ist ein Süßungsmittel, welches zu den Zuckeralkoholen gehört und eine Süßungskraft von ca. 60 % im Vergleich zu Haushaltszucker besitzt. Es hat keinen Einfluss auf den Blutzuckerspiegel und wird über den Urin wieder ausgeschieden. Erythrit wird durch Fermentation hergestellt, ist kalorienfrei und zahnfreundlich.
Mittlerweile bekommt man Erythrit fast überall, z. B. bei den Supermärkten Aldi (Süssli), Edeka (BFF), Kaufland und Rewe (beide Borchers), sowie dm (Xucker) und Rossmann (EnerBio). Im Internet kannst Du es bei Amazon, www.gymqueen.de, www.keto-up.de und bei www.simplyketo.de bestellen.

KONJAKNUDELN:

Werden hergestellt aus der Konjakwurzel (auch Teufelszunge genannt), welche gemahlen und zu einem Mehl verarbeitet wird. Aus diesem Mehl werden dann die Nudeln hergestellt. Sie sind reich an Glucomannan, einem Ballaststoff, der große Mengen an Wasser binden kann. Dadurch machen Konjaknudeln satt, sind kalorienarm und haben keine verwertbaren Kohlenhydrate. Eine perfekt Nudelalternative für alle Ketarier!
Du bekommst Konjaknudeln, z. B. von der Marke Kajnok, bei den Supermärkten Rewe und Edeka sowie im Großmarkt Handelshof. Im Internet kannst Du die Konjaknudeln von Kajnok bei www.konjak-shop.com oder Amazon bestellen. Die Marken Clean Foods und Slendier bekommst Du bei www.keto-up.de, die Marke Vitanu bei www.simplyketo.de.

TASTY DROPS:

Aromatropfen, die aus dem Süßungsmittel Sucralose bestehen, welches keinen Einfluss auf den Blutzuckerspiegel hat und in kleinen Mengen unbedenklich ist (bis zu 15 mg pro Kilogramm Körpergewicht). Bei übermäßigem Verzehr kann es allerdings zu Blähungen oder Durchfall führen. Sucralose hat keine Kalorien, greift die Zahngesundheit nicht an und ist über 600-mal süßer als Haushaltszucker. Demnach sind diese Tropfen sehr potent und müssen sparsam verwendet werden. Dafür hält so ein Fläschchen ewig! Du bekommst die Tasty Drops bei www.gymqueen.de oder Amazon. Alternativen von anderen Marken gibt es bei Kaufland (Borchers), Rossmann (ESN) und in Sporternährungsfachgeschäften sowie bei www.keto-up.de (Lean:Life) und www.simplyketo.de (Eigenmarke), jedoch habe ich keine Erfahrungswerte mit ihnen bezüglich des Geschmacks und kann daher auch keine Garantie dafür übernehmen. Bitte verwende keine klassischen Backaromen-Fläschchen für meine Rezepte, da sie sich anders verhalten und die Konsistenz verändern.

Auf welche Produkte sollte ich sonst noch achten?

DIJON-SENF:

Achte darauf, dass der Senf den Du verwendest keinen Zucker enthält. Ich verwende den Senf der Marke Maille.

SALZ:

Ich verwende stets pinkes Himalaya-Salz oder Meersalz. Die pinke Farbe beim Himalaya-Salz kommt von Eisen-Ionen. Diese Salzsorten liefern mehr Mineralstoffe als herkömmliches Tafelsalz. Kaufen kannst Du es bei Alnatura, Denn's, Edeka, Rewe und TK-Maxx.

WIENER-WÜRSTCHEN:

Ich verwende am liebsten die Bio-Wiener-Würstchen von Aldi (GutBio), Lidl (Metzgerfrisch) oder Penny (NaturGut).

EINGELEGTE GÜRKCHEN:

Wähle Gürkchen, die so wenig Zucker wie möglich enthalten. Ich verwende die Gewürzgurken von Kühne oder Hengstenberg.

MENGENANGABEN, NÄHWERTANGABEN & PORTIONSGRÖSSEN

Grundsätzlich beziehen sich alle Nährwertangaben auf eine Portion, es sei denn, es ist anderweitig vermerkt, wie z. B. beim „Keto-Nutella“ pro Esslöffel (Seite 68) oder „Keto-Rocher-Kuchen“ pro Stück (Seite 142). In den meisten Fällen sind die Rezepte auf zwei Personen ausgelegt. Solltest Du für vier Personen kochen, dann kannst Du die Angaben einfach verdoppeln. Die Nährwertangaben können natürlich variieren, je nachdem welche Marke Du verwendest. Bei den Rezepten angegeben sind Fett, Eiweiß, Kohlenhydrate, Netto-Kohlenhydrate und Kilokalorien.

Um die einzelnen Lebensmittel genauer in Deine Ernährungsapp (z. B. MyFitnessPal, Lifesum) eintragen zu können, habe ich eine Liste mit meinen Mengenangaben für EL, TL und Co. für Dich erstellt. Je nach Löffelgröße oder z. B. auch Größe der Avocado, können Gewicht und Milliliter bei Dir variieren.

1 Stück	Avocado	130–160 g
1 EL	Erythrit	15 g
1 Stück	Ingwer (2–3 cm)	5 g
1 Stück	Karotte	150 g
1 Stück	Knoblauchzehe	3 g
1 EL	Kokosöl	10 g
1 EL	Limettensaft	7,5 ml
1 EL	Mandeln, gemahlen	15 g
1 EL	Olivenöl	10 ml
1 Stück	Selleriestange	60 g
1 TL	Senf	10 g
1 EL	Sojasauce	10 ml
1 EL	Zitronensaft	10 ml
1 Stück	Zwiebel (rot, klein)	50 g
1 Stück	Zwiebel (weiß)	100 g

Auf geht's!

Jetzt wünsche ich Dir ganz viel Spaß beim Nachkochen meiner Rezepte! Wenn Du Deine Kreationen mit mir teilen möchtest, dann markiere mich und folge mir gerne auf Instagram oder auf facebook unter **@deestricker** und **@ketorockt** und verwende das Hashtag **#ketorockt**.

Ich freue mich schon sehr auf Deine Bilder und Dein Feedback!

Frühstück!

Chia-Pudding!

2 Portionen

Zubereitungszeit: 5 Minuten / Quellzeit: 10 Minuten

TIPP 1:

Wenn es morgens schnell gehen soll, kann man den Pudding auch schon am Vorabend zubereiten und über Nacht im Kühlschrank quellen lassen.

ZUTATEN

120 g Erdbeeren

80 ml Kokosmilch

100 ml Wasser

20 Tasty Drops Cheesecake oder Vanille (z. B. von GymQueen)

50 g Chiasamen

ZUBEREITUNG

1. Die Blätter der Erdbeeren entfernen.
2. In einem Standmixer, Zerkleinerer oder mit einem Pürierstab die Erdbeeren zusammen mit der Kokosmilch, dem Wasser und den Tasty Drops pürieren und in eine Schüssel füllen.
3. Die Chiasamen hineingeben und alles gut umrühren. 10 Minuten quellen lassen und nochmals gut umrühren. In zwei Schälchen umfüllen.

TIPP 2:

Statt der Erdbeeren kann man auch Himbeeren oder Blaubeeren verwenden. Die Kokosmilch kann man auch durch flüssige Sahne ersetzen.

pro Portion

F	EW	KH	N-KH	kcal
16,5 g	7 g	5 g	0 g	210

Chinakohl-Frittata!

2 Portionen

Zubereitungszeit: 20 Minuten

ZUTATEN

300 g Chinakohl

2 EL Butter zum Braten

1 TL Kümmel ganz

½ TL Paprikapulver edelsüß

4 Eier

70 g geriebener Gouda

50 g Feta-Käse

ZUBEREITUNG

1. Den Ofen auf 180 °C Umluft vorheizen.
2. Den Strunk des Kohls entfernen und die Blätter in mundgerechte Stücke schneiden.
3. Die Butter in einer ofenfesten Pfanne bei etwas stärkerer Hitze erhitzen und den Kohl darin ca. 5 Minuten anbraten. Den Kümmel und das Paprikapulver hinzugeben, alles verrühren und nochmals 1 Minute braten.
4. Während der Kohl gart, die Eier verquirlen. Sobald der Kohl fertig ist, die Eier darüber gießen und die Hälfte des geriebenen Goudas unterrühren.
5. Anschließend den Feta-Käse darüber krümeln und mit dem restlichen Gouda bestreuen. Für 10 Minuten auf der oberen Schiene backen.
6. Vor dem Servieren 2–3 Minuten abkühlen lassen.

TIPP 1:

Anstatt Chinakohl kann auch Blattspinat verwendet werden. Das Gericht eignet sich hervorragend als Abendessen.

TIPP 2:

Der restliche Chinakohl kann für den „Asiatischen Krautsalat" von Seite 122 oder die „Chinakohl-Pfanne" von Seite 86 verwendet werden.

pro Portion

F	EW	KH	N-KH	kcal
44 g	31,5 g	3,5 g	1 g	534

Frühstücksbowl herzhaft!

2 Portionen

Zubereitungszeit: 5 Minuten

ZUTATEN

50 g Crème fraîche

150 g Ei-Bacon-Aufstrich (z. B. von Popp)

100 g Eismeer-Garnelen oder Nordseekrabben

Gehackte Petersilie oder Dill nach Geschmack

1 Avocado (150 g)

ZUBEREITUNG

1. Die Crème fraîche und den Aufstrich in einer Schüssel verrühren. Die Garnelen und die gehackten Kräuter hinzugeben.
2. Die Avocado halbieren, entkernen und ein Gittermuster einritzen. Mit einem Esslöffel aushöhlen und in die Schüssel geben. Alles gut umrühren und auf zwei Schälchen verteilen.

pro Bowl

F	EW	KH	N-KH	kcal
54 g	17 g	3 g	0 g	564

Frühstücksbowl süß!

2 Portionen

Zubereitungszeit: 5 Minuten

ZUTATEN

250 g Speisequark mit 40 % Fett

200 g Crème fraîche

2 EL geschrotete Leinsamen (10 g)

5–10 Tropfen Tasty Drops Vanille oder Cheesecake

125 g Himbeeren

25 g Kokoschips (z. B. von Aldi)

ZUBEREITUNG

1. Den Speisequark, die Crème fraîche und die Leinsamen zu gleichen Teilen auf zwei Schalen aufteilen und mit den Tasty Drops verrühren.
2. Mit den Himbeeren und den Kokoschips zu gleichen Teilen garnieren und genießen.

pro Bowl

F	EW	KH	N-KH	kcal
51,5 g	15 g	13,5 g	8,5 g	578

TIPP 1:

Damit das Keto-Nutella wieder streichfähig wird, einfach eine Weile bei Zimmertemperatur stehen lassen. Wer keine Haselnüsse verträgt, kann natürlich auch Macadamias oder Mandeln verwenden. Der Geschmack verändert sich dadurch natürlich etwas.

Keto-Nutella!

10 EL = 300 g (1 EL = 30 g)

Zubereitungszeit: 15 Minuten

ZUTATEN

100 g dunkle Schokolade (mind. 85 % Kakaoanteil)

300 g gemahlene Haselnüsse

2 EL Kokosöl (20 g)

1 EL Kakaopulver, schwach entölt (z. B. von Alnatura) (10 g)

2 EL Erythrit (30 g)

10 Tropfen Tasty Drops Nuss-Nougat oder Vanille

ZUBEREITUNG

1. Die Schokolade in Stücke brechen und in einem geeigneten Gefäß in der Mikrowelle 30–60 Sekunden schmelzen. Alternativ die Schokolade in eine Schüssel geben und über einem Wasserbad vorsichtig schmelzen. Darauf achten, dass die Schüssel das Wasser nicht berührt. Etwas abkühlen lassen.
2. In einer Küchenmaschine oder einem Zerkleinerer die gemahlenen Haselnüsse und das Kokosöl zu einer cremigen Paste zermahlen (ca. 5–8 Minuten).
3. Das Kakaopulver, das Erythrit und die Tasty Drops hinzugeben und nochmals verrühren. Abschließend die flüssige Schokolade hineingießen und ein letztes Mal alles gut vermischen.
4. In ein steriles Glas füllen und im Kühlschrank aufbewahren. So hält das Keto-Nutella bis zu 4 Wochen.

TIPP 2:

Das Keto-Nutella kann auch für den „Keto-Rocher-Kuchen" von Seite 142 verwendet werden.

pro Esslöffel

F	EW	KH	N-KH	kcal
27 g	5 g	4 g	1 g	284

Schnelle Keto-Brotscheibe!

süß oder herzhaft

1 Portion

Zubereitungszeit: 5 Minuten

ZUTATEN

1 EL gemahlene Mandeln

1 EL gemahlene Haselnüsse

½ TL Reinweinstein-Backpulver

1 Ei

1 Prise Salz

Getrockneter Oregano oder Knoblauchpulver nach Geschmack

Optional: 1 TL geriebener Parmesan

ZUBEREITUNG

1. Die gemahlenen Mandeln, die gemahlenen Haselnüsse und den Reinweinstein miteinander verrühren.
2. Das Ei und die Gewürze (und gegebenenfalls den Parmesan) hinzugeben, alles nochmal gut verrühren und in ein mikrowellengeeignetes Behältnis geben.
3. In drei 30-Sekunden-Intervallen bei ca. 800 Watt in der Mikrowelle backen. Vorsicht heiß!
4. Anschließend auf einen Teller stürzen und etwas abkühlen lassen. Mit Belag nach Wahl belegen.

TIPP 1:

Für eine süße Variante die Gewürze und Parmesan weglassen, 1 EL Erythrit hinzugeben und ein paar Tasty Drops nach Geschmack. Hierzu passt das „Keto-Nutella“ von Seite 68.

pro Scheibe (ohne Parmesan)

F	EW	KH	N-KH	kcal
25 g	14 g	3 g	2 g	300

TIPP 2:

Für ein leckeres „Grilled Cheese-Sandwich“ einfach 2 Keto-Brotscheiben zubereiten, Käse in die Mitte legen und von beiden Seiten in etwas Butter goldbraun anbraten.

Zucchini-Frittata!

2 Portionen

Zubereitungszeit: 15–20 Minuten

ZUTATEN

1 große Zucchini (300 g)

2 Zweige Dill

4 große Eier

½ TL Paprikapulver edelsüß

1 Prise Salz

40 g geriebener Parmesan

2 EL Olivenöl zum Braten

70 g Feta-Käse

1 Avocado

ZUBEREITUNG

1. Den Ofen auf 200 °C Umluft vorheizen.
2. Die Zucchini in einer Küchenmaschine mit Reibeaufsatz oder mit einer Gemüsereibe in feine Stücke raspeln. In eine Schüssel geben, salzen, mit den Händen die Flüssigkeit rausdrücken und diese dann abgießen.
3. Den Dill fein hacken. Die Eier mit dem Paprikapulver, dem Salz, dem Dill und der Hälfte des Parmesans verquirlen.
4. Das Olivenöl in einer ofenfesten Pfanne erhitzen und die geraspelten Zucchini leicht bräunen. Sollte noch viel Flüssigkeit austreten, mit Küchenpapier aufnehmen.
5. Die Ei-Mischung über die Zucchini gießen und verteilen, bis alles gleichmäßig bedeckt ist.
6. Den Feta-Käse darüber krümeln und mit dem restlichen Parmesan bestreuen. 5–10 Minuten im Ofen auf oberster Schiene backen. Hin und wieder prüfen, dass nichts anbrennt.
7. In der Zwischenzeit die Avocado entkernen, halbieren und in Scheiben schneiden.
8. Die Frittata halbieren und auf Teller geben. Mit den Avocado-Scheiben belegen und bei Bedarf etwas nachsalzen.

Pro Hälfte (ohne Avocado)

F	EW	KH	N-KH	kcal
37,5 g	31 g	5,5 g	4 g	479

Haupt-gerichte!

Avocado-Schiffchen Dreierlei!

2 Schiffchen (= 1 Avocado) für 1 Person

Zubereitungszeit: 8 Minuten

Variante 1:
Füllung mit Eiersalat

ZUTATEN

1 Avocado (160 g)

2 hartgekochte Eier

50 g Crème fraîche Kräuter

1 TL Dijon-Senf (30 g)

1 TL Zitronensaft (5 ml)

1 TL gehackter Dill, frisch oder TK

1 Prise Salz

ZUBEREITUNG

1. Die Avocado halbieren und entkernen.
2. Die Eier pellen, halbieren und in kleine Stücke schneiden.
3. In einer Schüssel die Crème fraîche mit dem Senf, dem Zitronensaft, dem Dill und etwas Salz verrühren. Dann die Eierstücke hinzugeben, alles gut vermengen und in die Mulden der Avocadohälften füllen.

je 2 Hälften pro Person

F	EW	KH	N-KH	kcal
69 g	23 g	4 g	0 g	732

Variante 2:
Füllung mit Shrimps-Cocktail

ZUTATEN

1 Avocado (160 g)

50 g Crème fraîche

2 gehäufte TL Heinz-Ketchup zuckerreduziert (20 g)

1 Prise Salz

1 Frühlingszwiebel (10 g)

100 g Eismeer-Garnelen (z. B. von Lidl oder Aldi)

ZUBEREITUNG

1. Die Avocado halbieren und entkernen.
2. In einer Schüssel die Crème fraîche mit dem Ketchup und etwas Salz verrühren.
3. Die Frühlingszwiebel in dünne Ringe schneiden und zusammen mit den Garnelen unter die Creme rühren. Alles gut vermengen und in die Mulden der Avocadohälften füllen.

je 2 Hälften pro Person

F	EW	KH	N-KH	kcal
54 g	22 g	5 g	0 g	604

Variante 3:
Füllung mit Thunfisch-Creme

ZUTATEN

1 Avocado (160 g)

1 Dose Thunfisch im eigenen Saft (150 g)

80 g Crème fraîche

½ TL Paprikapulver edelsüß

1 Prise Salz und Pfeffer

30 g geriebenen Cheddar

ZUBEREITUNG

1. Die Avocado halbieren und entkernen.
2. Den Thunfisch gut abtropfen und in ein mikrowellengeeignetes Gefäß geben. Mit der Crème fraîche und den Gewürzen vermengen.
3. Den Cheddar unter die Creme rühren und alles in 2 30-Sekunden-Intervallen bei 800 Watt schmelzen. Sollte keine Mikrowelle vorhanden sein, kann die Masse auch kurz in einer Pfanne unter ständigem Rühren geschmolzen werden.
4. Nochmals umrühren und in die Mulden der Avocadohälften füllen.

je 2 Hälften pro Person

F	EW	KH	N-KH	kcal
72 g	39 g	3 g	0 g	842

Bayerische Pfanne!

2 Portionen

Zubereitungszeit: 15 Minuten

ZUTATEN

200 g Bio-Nürnberger Rostbratwürstchen

100 g Speckwürfel

3 EL Butter zum Braten

350 g Sauerkraut aus der Dose

1 gestrichener TL Kümmel, ganz

½ TL geriebener Muskat

Salz und Pfeffer

ZUBEREITUNG

1. Die Nürnberger Rostbratwürstchen in Scheiben schneiden.
2. Die Speckwürfel in 1 EL Butter bei mittlerer Hitze in einer großen Pfanne oder einem Wok bräunen. Auf ein Küchentuch geben und beiseitestellen.
3. In dieselbe Pfanne die restliche Butter geben und bei mittlerer Hitze die Würstchenscheiben darin anbraten, bis sie gebräunt sind.
4. Das Sauerkraut durch ein Sieb abtropfen, die Flüssigkeit rausdrücken und zu den Würstchen in den Wok geben. Mit Kümmel, Muskat, Salz und Pfeffer kräftig würzen. Alles gut umrühren.
5. Die Speckwürfel hinzugeben und alles nochmals 1–2 Minuten köcheln lassen.

pro Portion

F	EW	KH	N-KH	kcal
70 g	30,5 g	5,5 g	5,5 g	789

Blumenkohlcreme-Suppe!

2 Portionen

Zubereitungszeit: 15 Minuten

ZUTATEN

500 g TK-Blumenkohl

600 ml Gemüse- oder Hühnerbrühe

200 g Bio-Wiener Würstchen (z. B. von Lidl)

50 g Speckwürfel

1 EL Butter + 1 EL Butter zum Braten

80 ml flüssige Schlagsahne

1 TL Kurkuma

½ TL geriebener Muskat

Salz und Pfeffer

etwas frischer Schnittlauch

ZUBEREITUNG

1. Den Blumenkohl zusammen mit der Brühe in einen großen Topf geben und bei etwas stärkerer Hitze kurz aufkochen. Hitze reduzieren und 8 Minuten bei geschlossenem Deckel köcheln lassen.
2. Während der Blumenkohl gart, die Würstchen in Scheiben schneiden. Die Speckwürfel auf mittlerer Hitze in einer kleinen Pfanne in 1 EL Butter knusprig anbraten. Auf Küchenpapier geben und abtropfen lassen.
3. Wenn der Blumenkohl fertig gegart ist, den Topf vom Herd nehmen und den Blumenkohl mit einem Stabmixer pürieren, bis eine sämige Konsistenz erreicht ist. Den Topf wieder bei mittlerer Hitze auf den Herd geben und die Sahne, 1 EL Butter und die Gewürze hinzugeben. Mit Salz und Pfeffer abschmecken und alles gut umrühren.
4. Die Würstchen hinzugeben und 1 Minute mitköcheln. Den Schnittlauch fein hacken.
5. Zuletzt alles in Suppenteller umfüllen und abschließend mit den Speckwürfeln und dem Schnittlauch garnieren.

TIPP 1:

Für eine vegetarische Variante die Speckwürfel und Würstchen weglassen und durch gebratene Champignons ersetzen. Als Beilage passen die „Sesam-Cracker“ von Seite 134 hervorragend.

pro Portion

F	EW	KH	N-KH	kcal
62,5 g	27,5 g	9,5 g	8 g	725

TIPP 2:

Anstatt selbstgemachter Brühe kann natürlich auch fertiger Fond verwendet werden. Hierbei nur darauf achten, dass kein Zucker enthalten ist. Anstatt TK-Blumenkohl kann auch frischer Blumenkohl verwendet werden, nur dauert die Zubereitung dann ca. 5 Minuten länger, da man ihn noch kleinschneiden muss.

TIPP:

Kann auch als Beilage zu den „Keto-Frikadellen" von Seite 98 oder dem „Hühnchen in Senfsauce" von Seite 96 serviert werden.

Blumenkohl Mac 'n' Cheese!

2 Portionen

Zubereitungszeit: 22 Minuten (Vorbereitungszeit: 12 Minuten / Backzeit: 10 Minuten)

ZUTATEN

500 g TK-Blumenkohl

200 g Crème fraîche

2 TL Kurkuma

½ TL geriebener Muskat

Salz und Pfeffer

150 g geriebener Cheddar

40 g geriebener Parmesan

2 Knoblauchzehen

50 g Speckwürfel

2 EL Butter zum Braten

ZUBEREITUNG

1. Den Ofen auf 200 °C Umluft vorheizen.
2. Vom Blumenkohl bevorzugt die kleinen Röschen verwenden und in kochendem Wasser bei geschlossenem Deckel 5 Minuten bei mittlerer Hitze köcheln lassen.
3. Während der Blumenkohl kocht, die Crème fraîche mit den Gewürzen in einer großen Schüssel verrühren. Anschließend jeweils die Hälfte des geriebenen Cheddar- und Parmesankäses unterrühren.
4. Den Knoblauch schälen und durch eine Knoblauchpresse in die Schüssel pressen. Die Hälfte der Speckwürfel hinzugeben und alles gut verrühren.
5. Wenn der Blumenkohl gar ist, das Wasser abgießen und den Topf zurück auf den Herd stellen. Die Butter hinzugeben und bei etwas stärkerer Hitze den Blumenkohl 1–2 Minuten unter ständigem Rühren röstven, bis die Feuchtigkeit komplett verdampft ist.
6. Anschließend den Blumenkohl zu der Schüssel mit der Käsecreme geben und gut umrühren. Die Masse in eine Auflaufform füllen und alles gleichmäßig verteilen. Mit dem restlichen Cheddar- und Parmesankäse sowie den restlichen Speckwürfeln bestreuen.
7. Für 10 Minuten auf der oberen Schiene im Ofen goldbraun backen. Vor dem Servieren etwas abkühlen lassen.

pro Portion

F	EW	KH	N-KH	kcal
62,5 g	31,5 g	10,5 g	10,5 g	740

Bunte Hack-Pfanne!

2 Portionen

Zubereitungszeit: 15–20 Minuten

ZUTATEN

1 rote Zwiebel (50 g)

3 Knoblauchzehen (9 g)

1 große Karotte (150 g)

3 Stangen Staudensellerie (180 g)

400 g gemischtes Bio-Hackfleisch

2 EL Butter (40 g)

2 EL Olivenöl (20 ml)

3–4 Thymianzweige oder ½ TL getrockneter Thymian

Salz und Pfeffer

½ TL Knoblauchpulver

4 EL Worcestershire-Sauce (z. B. von Lea & Perrins) (40 ml)

ZUBEREITUNG

1. Die Zwiebel, die Knoblauchzehen und die Karotte schälen.
2. In einer Küchenmaschine oder mit einem Gemüsehobel die Zwiebel, die Selleriestangen und die Karotte in dünne Scheiben hobeln.
3. Das Hackfleisch in eine große Pfanne oder einen Wok geben und ohne Fett bei stärkerer Hitze anbraten. Eventuell überschüssiges Wasser abgießen oder mit Küchenpapier aufsaugen. Wenn das Hackfleisch leicht gebräunt ist, die Butter und das Olivenöl hinzugeben und den Knoblauch durch eine Knoblauchpresse in die Pfanne drücken.
4. Das Gemüse zum Hackfleisch in die Pfanne geben, die Thymianblättchen abzupfen und hinzugeben sowie mit Salz, Pfeffer und Knoblauchpulver würzen. Ca. 5 Minuten braten, dabei immer wieder umrühren und abschließend die Worcestershire-Sauce gut unterrühren.

pro Portion

F	EW	KH	N-KH	kcal
58,5 g	38,5 g	12,5 g	7 g	736

Deftige Chinakohl-Pfanne!

2 Portionen

Zubereitungszeit: 10 Minuten

ZUTATEN

700 g Chinakohl

3 EL Butter zum Braten (60 g)

50 g Speckwürfel

1 TL ganzer Kümmel

Salz und Pfeffer

400 g Bio-Wiener Würstchen (z. B. von Lidl)

ZUBEREITUNG

1. Den Strunk des Chinakohls entfernen, dann den Kohl längs halbieren. Jede Hälfte nochmals der Länge nach Dritteln und dann in mundgerechte Stücke schneiden.
2. Die Butter in einer großen Pfanne oder in einem Wok bei etwas stärkerer Hitze erhitzen und die Speckwürfel darin leicht anbraten. Die Chinakohlstücke und den Kümmel sowie etwas Salz und Pfeffer hinzugeben und alles ein paar Minuten braten, bis alles schön gebräunt ist.
3. Während der Chinakohl in der Pfanne gart, die Würstchen in einer Pfanne oder einem Topf mit Wasser kurz stark erhitzen. Dann die Herdplatte abschalten und die Würstchen ziehen lassen, bis der Kohl fertig ist. Wasser abgießen und kurz ausdampfen lassen.
4. Wenn der Chinakohl gar ist, die entstandene Flüssigkeit vorsichtig abgießen und dann zusammen mit den Würstchen anrichten. Hierzu passt gut 1 EL Dijon-Senf zum Dippen.

pro Portion

F	EW	KH	N-KH	kcal
70 g	37 g	6,5 g	0 g	811

Erdnusshühnchen!

2 Portionen

Zubereitungszeit: 10 Minuten

ZUTATEN

400 g Hähnchengeschnetzeltes

2 EL Kokosöl zum Braten

FÜR DIE ERDNUSSSAUCE:

40 g Erdnussbutter ohne Zucker (stückig oder cremig)

30 ml Kokosmilch

1 EL Limettensaft (10 ml)

1 EL Sojasauce ohne Weizen (z. B. von Kikkoman) (10 ml)

1 TL Erythrit (5 g)

ZUBEREITUNG

1. Für die Erdnusssauce die Erdnussbutter und die Kokosmilch mit einem kleinen Quirl in einer kleinen Schüssel cremig rühren. Den Limettensaft und die Sojasauce hinzugießen und erneut verquirlen. Abschließend das Erythrit hinzugeben und alles zu einer homogenen Creme verrühren.
2. In einer Pfanne das Kokosöl auf höherer Hitze erhitzen und das Hähnchengeschnetzelte darin ein paar Minuten goldbraun anbraten.
3. Anschließend die Hitze reduzieren, die Erdnusssauce unterrühren und 1–2 Minuten unter ständigem Rühren köcheln lassen.
4. Zum Servieren können noch 2–3 TL gehackte, geröstete Erdnüsse über das Fleisch gegeben werden.

TIPP:

Als Beilage hierzu passen der „Asiatische Krautsalat" von Seite 122, die „Grünen Bohnen mit Pistazien-Pesto" von Seite 126 oder der „Grüne Couscous" von Seite 128.

pro Portion

F	EW	KH	N-KH	kcal
25 g	51 g	4 g	2 g	361

Flammkuchen!

6 Stück für 2 Personen

Zubereitungszeit: 20 Minuten (Vorbereitung: 5 Minuten / Backzeit: 18–20 Minuten)

ZUTATEN

1 kleine weiße Zwiebel (100 g)

200 g körniger Frischkäse

2 Eier

100 g geriebener Mozzarella

100 g geriebener Gruyere oder Bergkäse

50 g geriebener Parmesan

1 Prise Salz

50 g Speckwürfel

ZUBEREITUNG

1. Den Ofen auf 200 °C Umluft vorheizen.
2. Die Zwiebel schälen und fein würfeln.
3. Den körnigen Frischkäse und die Eier miteinander verquirlen. Dann den geriebenen Mozzarella, Gruyere und Parmesan unterrühren und mit etwas Salz würzen.
4. Die Zwiebelstückchen und die Speckwürfel unter die Mischung geben und alles gut verrühren.
5. Ein Backblech mit Backpapier auslegen und sechs gleichgroße Häufchen mit ausreichend Abstand darauf geben. Auf oberer Schiene 18–20 Minuten im Ofen backen bzw. bis sie goldbraun sind.
   Vor dem Verzehr noch ein paar Minuten abkühlen lassen.

TIPP:

Für eine vegetarische Variante die Speckwürfel weglassen und gegebenenfalls durch kleine Champignon-Würfel ersetzen. Hierzu passt der „Gurkensalat“ von Seite 130.

pro Stück (ergibt 6)

F	EW	KH	N-KH	kcal
22 g	20 g	2 g	2 g	289

Gebackener Lachs Asia-Style!

2 Portionen

Zubereitungszeit: 20 Minuten

ZUTATEN

2 x 125 g frisches Lachsfilet mit Haut

1 Knoblauchzehe

1 halbe weiße Zwiebel (50 g)

Ingwer (2–3 cm großes Stück) (5 g)

3 EL Olivenöl

2 EL Limettensaft (15 ml)

1 EL Sojasauce ohne Weizen (z. B. von Kikkoman) (10 ml)

½ TL Zitronengraspulver

1 Prise Salz

1 Prise Cayennepfeffer

ZUBEREITUNG

1. Den Ofen auf 180 °C Umluft vorheizen.
2. Alle Zutaten, außer den Lachs, schälen und in einem Zerkleinerer pürieren, bis eine homogene Sauce entsteht.
3. Eine kleine, ofenfeste Form nehmen, in der die Lachsstücke relativ eng aneinander liegen. Die Sauce gleichmäßig in der Form verteilen und die Lachsstücke mit der Hautseite nach oben darin platzieren.
4. 15 Minuten auf oberster Schiene im Ofen backen.
5. Zum Servieren den Lachs mit der Hautseite auf die Teller geben und die Sauce aus der Form mit einem Esslöffel gleichmäßig über den Lachsstücken verteilen.

TIPP:

Als Beilage hierzu passen die „Grünen Bohnen mit Pistazien-Pesto“ von Seite 126 oder der „Asiatische Krautsalat“ von Seite 122.

pro Portion

F	EW	KH	N-KH	kcal
24 g	20 g	3 g	2,5 g	310

ALL ACCESS
PHOTO PASS
VIP
working
DATE/BAND:
8/1

Hot Dog Pfanne!

2 Portionen

Zubereitungszeit: 15 Minuten

ZUTATEN

1 weiße Zwiebel (100 g)

100 g eingelegte Gewürzgurken (z. B. von Kühne)

400 g Bio-Wiener-Würstchen (z. B. von Lidl)

150 g Crème fraîche

50 g Tomatenmark

2 TL Dijon-Senf (30 g)

1 Prise Salz

2 EL Butter zum Braten (40 g)

ZUBEREITUNG

1. Die Zwiebel schälen, halbieren und in feine Würfel schneiden. Die Gurken abtropfen, trockentupfen und in Scheiben schneiden. Die Würstchen in Scheiben schneiden.
2. In einem Gefäß die Crème fraîche mit dem Tomatenmark, dem Senf und etwas Salz verquirlen.
3. Die Butter in einer großen Pfanne auf etwas stärkerer Hitze erhitzen und die Zwiebeln darin anschwitzen, bis sie etwas Farbe angenommen haben. Die Würstchen hinzugeben und ebenfalls mit anbraten. Die Gurkenscheiben unterrühren und alles für 1–2 Minuten garen.
4. Dann die Hitze reduzieren und die Creme zur Hot-Dog-Mischung in die Pfanne gießen. Alles gut verrühren und nochmals 1–2 Minuten köcheln.

TIPP:

Die restlichen eingelegten Gurken können für die „Stroganoff-Pfanne“ auf Seite 116 verwendet werden.

pro Portion

F	EW	KH	N-KH	kcal
79,5 g	31,5 g	14,5 g	12,5 g	911

Hühnchen in Senfsauce!

2 Portionen

Zubereitungszeit: 12 Minuten

ZUTATEN

- 2 EL Olivenöl zum Braten (20 ml)
- 2 Knoblauchzehen
- 400 g Hähnchengeschnetzeltes
- 1 Prise Salz und Pfeffer
- 60 ml flüssige Schlagsahne
- 2 TL Dijon-Senf (20 g)
- 3–4 Zweige frischer Thymian

ZUBEREITUNG

1. Das Olivenöl auf stärkerer Hitze erhitzen, den Knoblauch schälen, durch eine Knoblauchpresse in die Pfanne drücken und zusammen mit dem Hähnchengeschnetzelten von allen Seiten goldbraun anbraten. Mit Salz und Pfeffer würzen.
2. Die Hitze reduzieren, die Sahne und den Senf unterrühren, die Thymianblättchen abzupfen und zum Fleisch geben. Alles gut durchrühren und nochmals 1–2 Minuten köcheln lassen.

TIPP 1:

Hierzu passt besonders gut das „Käse-Lauch-Gratin" von Seite 132, auch, um den hohen Eiweißanteil auszugleichen.

pro Portion

F	EW	KH	N-KH	kcal
3,5 g	46 g	0 g	0 g	403

TIPP 1:

Hierzu passt als Beilage super der „Gurkensalat“ von Seite 130, die „Grünen Bohnen mit Pistazien-Pesto“ von Seite 126 oder das „Käse-Lauch-Gratin“ von Seite 132.

Keto-Frikadellen!

6 Stück für 2 Personen

Zubereitungszeit: 15 Minuten

ZUTATEN

400 g Bio-Hackfleisch gemischt

1 Ei

30 g geriebener Parmesan

1 TL Paprikapulver edelsüß

½ TL Zwiebelpulver

1 Prise Salz

30 g Butterschmalz zum Braten

ZUBEREITUNG

1. Alle Zutaten, außer dem Butterschmalz, in eine Schüssel geben und gut mit den Händen durchkneten (hierzu empfiehlt es sich, Einmalhandschuhe überzuziehen).

2. Die Handschuhe mit etwas Wasser anfeuchten und sechs gleichgroße Frikadellen formen. Die Frikadellen werden durch das Anfeuchten fester und gleichmäßiger.

3. Das Butterschmalz bei etwas stärkerer Hitze in einer 24 cm großen Pfanne erhitzen. Die Frikadellen in das heiße Fett geben und mit dem Pfannenwender etwas plattdrücken.

4. Von allen Seiten ca. 8 Minuten bräunen, dabei alle 2 Minuten wenden. Gegebenenfalls mit einem Spritzschutz abdecken.

TIPP 2:

Die Frikadellen schmecken auch kalt und können als Snack mitgenommen werden. Im Kühlschrank halten sie sich 2 Tage.

pro Portion

F	EW	KH	N-KH	kcal
20 g	15 g	0 g	0 g	238

Konjaknudeln mit Mandel-Pesto-Creme!

2 Portionen

Zubereitungszeit: 15 Minuten

ZUTATEN

2 x 200 g Konjaknudeln

50 g gehackte Mandeln

25 g weiche Butter

60 ml Olivenöl

15 g geriebener Parmesan + etwas zum Drüberstreuen

1 Handvoll krause Petersilie ohne Stängel

½ geschälte Knoblauchzehe

30 ml flüssige Schlagsahne

ZUBEREITUNG

1. Die Konjaknudeln in ein Sieb geben und 30 Sekunden unter kaltem Wasser abbrausen. Abtropfen lassen.
2. Alle Zutaten, außer der flüssigen Sahne und den Konjaknudeln, in einen Zerkleinerer geben oder mit einem Stabmixer pürieren, möglichst fein und ohne grobe Stücke.
3. Das Pesto in eine große Pfanne geben, die flüssige Sahne hinzugießen und zu einer Creme verrühren. Dann bei mittlerer Hitze erwärmen.
4. Wenn die Creme leicht anfängt zu blubbern, die Konjaknudeln hinzugeben und in der Creme gut durchschwenken. Auf zwei Teller verteilen und mit geriebenem Parmesan bestreuen.

TIPP:

Es können auch geröstete Pinienkerne und / oder Mini-Mozzarellabällchen hinzugefügt werden. Für eine nicht-vegetarische Variante können Garnelen hinzugegeben werden.

pro Portion

F	EW	KH	N-KH	kcal
56 g	9,5 g	4 g	1 g	572

Lachs-Avocado-Bowl!

2 Portionen

Zubereitungszeit: 10 Minuten

ZUTATEN

3 EL Limettensaft (25 ml)

1 EL Chili-Sauce (10 g)

1 Prise Salz

300 g sehr frisches Lachsfilet

2 Avocados (250 g)

1 Stange Frühlingszwiebel (30 g)

1 TL Sesamkerne (3 g)

ZUBEREITUNG

1. In einer Schüssel den Limettensaft und die Chili-Sauce verrühren und das Salz hinzugeben.

2. Die Haut des Lachsfilets mit einem scharfen Messer entfernen und den Lachs in 1 cm dicke Würfel schneiden. In die Schüssel zum Limetten-Chili-Mix geben und gut umrühren.

3. Die Avocado halbieren, entkernen und mit einem Messer ein Gittermuster einritzen (siehe Foto Seite 66). Mit einem Löffel aushöhlen und zum Lachs in die Schüssel geben.

4. Die Frühlingszwiebel in feine Ringe schneiden und zusammen mit den Sesamkernen ebenfalls in die Schüssel zum Lachs geben. Alles gut umrühren und auf zwei Bowls verteilen.

TIPP:

Die Haut vom Lachs kann in etwas Olivenöl bei mittlerer Hitze in einer Pfanne von beiden Seiten goldbraun gebraten werden. Hierbei unbedingt einen Fettspritzschutz auf die Pfanne legen, da es sehr stark spritzt. Wenn die Haut knusprig ist, kann sie für den extra Crunch entweder über die Bowls gekrümelt oder als kleiner Snack verzehrt werden.

pro Portion

F	EW	KH	N-KH	kcal
42,5 g	26 g	2 g	0 g	494

Mediterrane Medaillons!

6 Stück

Zubereitungszeit: 20 Minuten

ZUTATEN

300 g Schweinefilet (am besten Duroc oder Iberico)

50 g Feta-Käse

Pfeffer

½ TL getrockneter Oregano

6 Scheiben Parmaschinken (80 g)

3 EL Olivenöl zum Braten (30 ml)

ZUBEREITUNG

1. Das Schweinefilet waschen, trockentupfen und in sechs gleichgroße Stücke schneiden (ca. 2 Finger breit). Das Endstück kann einfach mit angebraten werden und „pur" verzehrt werden.
2. In jedes Medaillon seitlich einen tiefen Schlitz schneiden (dabei aufpassen, es nicht ganz durchzuschneiden), der als Mulde für den Feta-Käse dient.
3. Den Feta-Käse in 6 Stücke schneiden und je ein Stück in die Mulde eines jeden Medaillons stecken. Gut reindrücken, so dass die Mulde komplett gefüllt ist.
4. Nun die Medaillons mit Pfeffer und Oregano würzen. Es braucht kein Salz, da Feta-Käse und Parmaschinken bereits sehr salzig sind.
5. Jedes Medaillon mit einer Scheibe Parmaschinken umwickeln, so dass kleine Päckchen entstehen. Mit der Hand alle Medaillons flach drücken.
6. Das Olivenöl bei etwas stärkerer Hitze in einer großen Pfanne erhitzen und die Medaillons darin von allen Seiten ca. 8–10 Minuten goldbraun braten. Der Parmaschinken schrumpelt hierbei und zieht sich etwas zusammen.

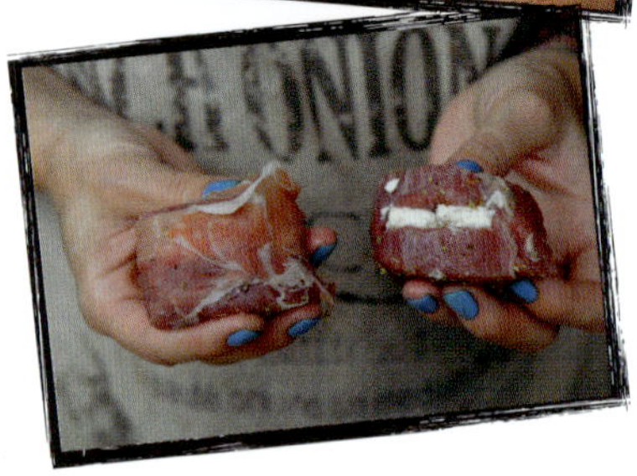

pro Medaillon

F	EW	KH	N-KH	kcal
17 g	23 g	0 g	0 g	249

TIPP:

Hierzu passt wunderbar der „Grüne Couscous“ auf Seite 128, der „Gebackene Spinat“ auf Seite 124 oder die „Grünen Bohnen mit Pistazien-Pesto“ auf Seite 126.

Mediterrane Veggie Bowl!

2 Portionen

Zubereitungszeit: 15 Minuten

ZUTATEN

3 Zucchini (650 g)

3 EL Olivenöl (30 ml)

½ TL italienische Gewürzmischung

Salz, Pfeffer und Knoblauchpulver nach Geschmack

30 g Pinienkerne

125 g Mini-Mozzarella-kugeln

20 g krause Petersilie

2 EL Zitronensaft (20 ml)

2 Avocados (260 g)

ZUBEREITUNG

1. Die Zucchini waschen und trockentupfen, dann die Enden entfernen, halbieren und in ca. 1 cm breite Stücke schneiden.
2. Die Zucchinistücke in 2 EL Olivenöl in einer großen Pfanne bei stärkerer Hitze ca. 5–8 Minuten bräunen. Ab und zu umrühren und gut mit den Gewürzen würzen.
3. In der Zwischenzeit die Pinienkerne in einer separaten Pfanne ohne Öl anrösten. Dabei immer wieder umrühren, damit sie nicht anbrennen.
4. Die Mozzarellakugeln abtropfen lassen und die Petersilie grob hacken.
5. In einer großen Schüssel den Zitronensaft mit dem restlichen Olivenöl vermengen. Petersilie, Mozzarella und Pinienkerne hineingeben.
6. Die Avocados entkernen, würfeln und aushöhlen (siehe Foto Seite 66). Zusammen mit den Zucchini zu den anderen Zutaten in die große Schüssel geben und alles ordentlich vermengen. In zwei Schalen umfüllen.

pro Portion

F	EW	KH	N-KH	kcal
68,5 g	23,5 g	17,5 g	3 g	737

Paella-Pfanne!

2 Portionen

Zubereitungszeit: 18 Minuten

ZUTATEN

150 g luftgetrocknete Chorizo

1 EL Olivenöl zum Braten

2 Knoblauchzehen

300 g Garnelen aus Wildfang

200 g TK grüne Bohnen

½ TL Paprikapulver edelsüß

½ TL Kurkuma

Salz nach Geschmack

2 EL Butter zum Braten

200 g Blumenkohl-Reis
(z. B. von Full Green)

ZUBEREITUNG

1. Die Chorizo halbieren und in Scheiben schneiden (je nach Sorte gegebenenfalls vorher die Pelle entfernen). In 1 EL Olivenöl bei mittlerer Hitze 2–3 Minuten anbraten. Aus der Pfanne nehmen (dabei das Fett in der Pfanne behalten) und auf Küchenpapier abtropfen lassen.
2. Den Knoblauch schälen. Die Hitze etwas erhöhen und die Garnelen zusammen mit dem Knoblauch (durch eine Knoblauchpresse drücken) im Chorizo-Fett anbraten. Wenn alles leicht gebräunt ist, die TK-Bohnen hinzugeben und mit dem Paprikapulver, dem Kurkuma und etwas Salz würzen. Alles 1–2 Minuten garen und dabei die Flüssigkeit verdampfen lassen. Dabei gelegentlich umrühren.
3. Die Butter zur Paella-Mischung geben und den Blumenkohlreis hinzufügen. Nochmals 1–2 Minuten braten (nicht zu lange, sonst wird der Reis matschig) und regelmäßig umrühren, damit nichts anbrennt.

TIPP:

Die restliche Chorizo kann morgens ins Rührei gegeben werden.

pro Portion

F	EW	KH	N-KH	kcal
45,5 g	46,5 g	9 g	6,5 g	637

Pfifferlingrisotto!

2 Portionen

Zubereitungszeit: 12 Minuten

ZUTATEN

155 g Pfifferlinge im Glas

50 g Schalotten

2 EL Olivenöl zum Braten

100 ml flüssige Sahne

70 g Crème fraîche

50 g Parmesan

Salz und Pfeffer

400 g Blumenkohl-Reis (z. B. von Full Green)

ZUBEREITUNG

1. Die Pfifferlinge durch ein Sieb abtropfen und trockentupfen.
2. Die Schalotten schälen und fein würfeln. In einen großen Topf geben und in Olivenöl bei mittlerer Hitze glasig anbraten.
3. Die Hitze etwas reduzieren und dann die Sahne, die Crème fraîche und den Parmesan zu den Schalotten in den Topf geben. Alles gut verrühren und mit Salz und Pfeffer würzen.
4. Den Blumenkohl-Reis und die Pfifferlinge zur Soße in den Topf geben und 3–4 Minuten unter ständigem Rühren köcheln lassen.

TIPP:

Statt der Pfifferlinge oder zusätzlich können am Ende auch gebratene Garnelen auf das Risotto gegeben werden.

pro Portion

F	EW	KH	N-KH	kcal
44,5 g	15 g	11,5 g	6 g	509

Pizza-Twists!

6 Stück für 2 Personen

Zubereitungszeit: 25 Minuten (Vorbereitungszeit: 10 Minuten / Backzeit: 12–15 Minuten)

ZUTATEN

200 g geriebener Mozzarella

60 g Frischkäse

150 g gemahlene Mandeln

1 Ei

2 TL Reinweinstein-Backpulver

½ TL getrockneter Oregano

½ TL Knoblauch-pulver

50 g Tomatenmark

6 kleine Salami-scheiben (für veg. Variante weglassen)

2 EL weiche Butter

10 g Parmesan

ZUBEREITUNG

1. Den Ofen auf 180 °C Umluft vorheizen.
2. Den geriebenen Mozzarella und den Frischkäse in eine mikrowellengeeignete Schüssel geben und 60–90 Sekunden bei 800 Watt schmelzen.
3. Die gemahlenen Mandeln, das Ei, den Reinweinstein und die Gewürze hinzugeben. Einmalhandschuhe überziehen und mit den Händen alles zu einem homogenen Teig verkneten.
4. Die Teigkugel auf ein Backpapier legen und mit den Händen grob in eine rechteckige Form plattdrücken. Ein zweites Backpapier auf den Teig legen und mit einem Nudelholz weiter dünn ausrollen (ca. 0,5 cm dick). Oberes Backpapier vorsichtig abziehen.
5. Wenn man vor dem Rechteck steht, das wie ein Buch vor einem liegt, auf die linke Hälfte das Tomatenmark dünn mit einem Messer glattstreichen und gleichmäßig verteilen. Die Salamischeiben darauf verteilen (für eine vegetarische Variante diesen Schritt weglassen).
6. Mit Hilfe des Backpapiers, auf dem der Teig liegt, die rechte Seite auf die linke Seite umklappen und etwas andrücken. Das Backpapier vorsichtig wieder zurückziehen.
7. Nun von links nach rechts den Teig mit einem Pizzaschneider oder scharfen Messer in 6 (ca. 3 cm dicke) Streifen schneiden. Jetzt jeden Streifen „twisten" bzw. eindrehen und mit etwas Abstand auf dem Backpapier platzieren.
8. Die Twists mit Hilfe eines Pinsels mit der weichen Butter bestreichen und mit Parmesan bestreuen. Vorsichtig das Backpapier auf ein Backblech ziehen und auf der oberen Schiene für 12–15 Minuten backen. Vor dem Verzehr etwas abkühlen lassen.

pro Twist

F	EW	KH	N-KH	kcal
32 g	17,5 g	4 g	4 g	380

TIPP:

Hierzu passt super der „Zucchini-Hummus" von Seite 135 als Dip. Die Twists können auch perfekt als Snack für unterwegs mitgenommen werden. Sie halten sich 2 Tage im Kühlschrank.

Salsiccia-Pfanne!

2 Portionen

Zubereitungszeit: 18 Minuten

ZUTATEN

300 g Salsiccia

2 EL Olivenöl zum Braten

300 g Zucchini

125 g Mini-Mozzarella-kugeln

50 g schwarze oder grüne Oliven in Scheiben

100 g Babyspinat

½ TL Paprikapulver edelsüß

½ TL Knoblauch granuliert

½ TL Oregano

Salz und Pfeffer

50 g Tomatenmark

10 g Basilikumblätter

ZUBEREITUNG

1. Die Haut der Salsiccia-Würste mit einem Messer etwas einritzen und ca. 3 cm dicke Stücke in eine große Pfanne oder einen Wok aus der Haut rausdrücken. Alternativ kann auch die ganze Haut der Wurst abgezogen und das Fleisch in Würfel geschnitten werden. Je nach Marke funktioniert die eine oder andere Variante besser.

2. Das Olivenöl zu der Salsiccia in die Pfanne geben und bei etwas stärkerer Hitze erhitzen. Die Salsiccia-Bällchen darin von allen Seiten ein paar Minuten bräunen.

3. Während die Salsiccia-Bällchen braten, die Zucchini waschen, die Enden abschneiden und würfeln. Die Mini-Mozzarellakugeln und die Olivenscheiben abtropfen lassen.

4. Die Salsiccia-Bällchen auf einen mit Küchenpapier ausgelegten Teller geben. Hierbei so gut es geht das Fett in der Pfanne aufheben und anschließend die Zucchiniwürfel darin bräunen.

5. Nach 2–3 Minuten den Babyspinat hinzugeben und alles 1–2 Minuten verrühren. Dann die Hitze reduzieren, die Gewürze hinzugeben und das Tomatenmark unterrühren. Die Salsiccia-Bällchen, die Mozzarellakugeln und die Olivenscheiben hinzugeben und alles nochmals für 1–2 Minuten gut verrühren.

6. Zum Servieren mit Basilikumblättern garnieren. Je nach Geschmack mit Parmesan bestreuen.

pro Portion (ohne Parmesan)

F	EW	KH	N-KH	kcal
62,5 g	39,5 g	12 g	9,5 g	780

Stroganoff-Pfanne!

2 Portionen

Zubereitungszeit: 15 Minuten

ZUTATEN

1 rote Zwiebel (50 g)

1 Knoblauchzehe

5 eingelegte Gewürzgurken (z. B. von Kühne)

300 g Champignons

400 g Hüftsteak

6 EL Olivenöl (60 ml)

Salz und Pfeffer

150 g Crème fraîche

1 EL Zitronensaft (10 ml)

1 TL Paprikapulver edelsüß

1 Handvoll gehackte Petersilie

ZUBEREITUNG

1. Die Zwiebel und den Knoblauch schälen. Die Gürkchen abtropfen und trockentupfen. Zwiebel und Gürkchen in feine Scheiben schneiden.
2. Die Champignons in Scheiben und das Hüftsteak in Streifen schneiden.
3. In einer großen Pfanne 4 EL Olivenöl bei etwas stärkerer Hitze erhitzen, den Knoblauch durch eine Knoblauchpresse hineindrücken und zusammen mit den Zwiebeln und Champignons darin goldbraun anbraten. Mit Salz und Pfeffer würzen.
4. Parallel dazu das Hüftsteak in einer zweiten Pfanne in 2 EL Olivenöl kurz 2–3 Minuten bei stärkerer Hitze scharf anbraten und mit Salz und Pfeffer würzen. Austretende Flüssigkeit mit einem Küchenpapier aufnehmen und das Fleisch anschließend zu der Pilzmischung in die Pfanne geben.
5. Die Crème fraîche und den Zitronensaft in die Pfanne in der das Fleisch gebraten wurde geben und mit dem Paprikapulver, Salz und Pfeffer gut verrühren, bis eine sämige Creme entsteht. Die Creme zu den Pilzen und dem Fleisch geben, die Petersilie und die Gürkchen hinzufügen und alles gut miteinander verrühren. Nochmals 1–2 Minuten köcheln.

pro Portion

F	EW	KH	N-KH	kcal
55 g	52 g	8 g	3,5 g	726

TIPP:

Die restlichen eingelegten Gurken könnt ihr für die „Hot-Dog-Pfanne“ von Seite 94 verwenden.

TIPP:

Für eine vegetarische Variante können die Lachsstreifen durch z. B. Gurkenstreifen ersetzt werden. Wer keinen Lachs mag, kann auch rohen oder gekochten Thunfisch verwenden.

Sushi-Rollen!

2 Portionen

Zubereitungszeit: 20 Minuten

ZUTATEN

60 g Frischkäse

1 EL Reisessig ohne Zucker (15 ml) (z. B. von Bamboo Garden)

1 TL Erythrit

200 g Blumenkohlreis (z. B. von Full Green)

2 Noriblätter

100 g sehr frisches Lachsfilet

1 Avocadohälfte (100 g)

Optional: glutenfreie Sojasauce (z. B. von Kikkoman)

Frischhaltefolie

ZUBEREITUNG

1. In einer Schüssel den Frischkäse mit dem Reisessig und dem Erythrit verrühren. Den Blumenkohlreis hinzugeben und alles gut vermengen.

2. Ein großes Stück Frischhaltefolie auslegen, ein Noriblatt darauf platzieren und mit der Frischkäse-Blumekohlreis-Mischung bestreichen. Dabei zum Rand hin ca. 1 cm Platz lassen.

3. Das Lachsfilet mit einem scharfen Messer von der Haut trennen, in längliche, 1 cm dicke Streifen schneiden und mit 2 cm Abstand auf dem Noriblatt platzieren. Ergibt ca. 3 Reihen.

4. Die Avocado halbieren, die Hälfte ohne Kern mit einem Messer der Länge nach in dünnen Streifen einritzen, mit einem Esslöffel rausheben und zwischen die Lachsstreifen legen.

5. Vorsichtig, mit Hilfe der Frischhaltefolie, das Noriblatt zu einer Rolle aufrollen. Dabei fest andrücken, damit alles zusammenhält.

6. Die Folie entfernen und die Rolle mit einem scharfen Messer in acht ca. 2 cm dicke Rollen schneiden. Den Vorgang für das zweite Noriblatt wiederholen.
Optional können die Sushirollen vor dem Verzehr in glutenfreie Sojasauce getunkt werden.

Pro Rolle à 8 Stück

F	EW	KH	N-KH	kcal
23,5 g	12,5 g	6 g	0,5 g	281

Beilagen!

Asiatischer Krautsalat!

2 Portionen

Zubereitungszeit: 10 Minuten

ZUTATEN

300–400 g Chinakohl

1 kleines Stück Ingwer (2–3 cm) (10 g)

1 kleine rote Zwiebel (50 g)

150 g Radieschen

1 EL Limettensaft (7,5 ml)

2 EL geröstetes Sesamöl (20 ml)

½ TL Salz

½ TL Zitronengraspulver

1 EL Sesamkerne (3 g)

½ Bund gehackte Petersilie oder Koriander (ohne Stängel)

ZUBEREITUNG

1. Den Strunk des Chinakohls abschneiden. Den Kohl so der Länge nach kleinschneiden, dass er in die Küchenmaschine passt.

2. Den Ingwer und die Zwiebel schälen. Die Blätter und Enden der Radieschen entfernen, putzen und trockentupfen.

3. In einer großen Schüssel den Limettensaft, das Sesamöl, das Salz und das Zitronengraspulver verrühren. Die Sesamkerne hinzugeben. Den Ingwer mit einer Reibe direkt in die Schüssel reiben. Alles nochmals gut verrühren.

4. Dann den Chinakohl, die Radieschen und die Zwiebel in einer Küchenmaschine fein hobeln. Alternativ den Kohl mit einem großen, scharfen Messer fein schneiden, die Radieschen in Scheiben und die Zwiebel in kleine Stücke schneiden. Alles in die Schüssel zum Dressing geben.

5. Die Petersilie (oder den Koriander) grob hacken, hinzugeben und alles mit den Händen gut verkneten. Dabei den Saft rauspressen. Erneut abschmecken.

pro Portion

F	EW	KH	N-KH	kcal
15,5 g	3,5 g	6 g	2,5 g	180

Gebackener Spinat!

2 Portionen

Zubereitungszeit: 20 Minuten

ZUTATEN

Butter

1 Knoblauchzehe

2 EL Olivenöl

300 g Babyspinat

80 g Ricotta

30 g geriebener Parmesan

½ TL gemahlener Muskat

1 Prise Salz und Pfeffer

2 Eier

ZUBEREITUNG

1. Den Ofen auf 200 °C Umluft vorheizen.
2. Eine ofenfeste Auflaufform mit Butter einfetten. Den Knoblauch schälen.
3. Das Olivenöl in einem Wok oder einer großen Pfanne auf mittlerer Stufe erhitzen und den Knoblauch durch eine Knoblauchpresse in die Pfanne geben.
4. Den Spinat nach und nach dazugeben, bis er gar ist. Die Pfanne vom Herd nehmen und anschließend den Ricotta, den Parmesan und die Gewürze unterrühren.
5. Die Eier in einer Tasse verquirlen und in die Pfanne zum Spinat geben. Erneut alles gut verrühren, in die gefettete Auflaufform umfüllen und für 15 Minuten auf mittlerer Schiene backen. Vor dem Servieren ein paar Minuten abkühlen lassen.

pro Portion

F	EW	KH	N-KH	kcal
25 g	21,5 g	3 g	3 g	325

Grüne Bohnen mit Pistazien-Pesto!

2 Portionen

Zubereitungszeit: 10 Minuten

ZUTATEN

200 g TK-Prinzessbohnen

1 Bund frisches Basilikum (25 g)

6 EL Olivenöl (60 ml)

25 g Pistazien ohne Schale

10 g geriebener Parmesan

1 geschälte Knoblauchzehe

ZUBEREITUNG

1. Die Prinzessbohnen in gesalzenem Wasser auf mittlerer Hitze für 5 Minuten garkochen, abseihen und zurück in den Topf geben.
2. Während die Prinzessbohnen kochen, das Basilikum mit dem Olivenöl in einen Zerkleinerer geben und pürieren. Anschließend die restlichen Zutaten, außer den Prinzessbohnen, hinzugeben und erneut gut pürieren, bis alles eine samtige Pesto-Konsistenz hat.
3. Das Pesto zu den Bohnen in den Topf geben und die Bohnen für eine Minute bei mittlerer Hitze gut darin schwenken und anrösten.

TIPP:

Passt super zum „Gebackenen Lachs Asia-Style“ auf Seite 92 oder dem „Erdnusshühnchen“ auf Seite 88.

pro Portion

F	EW	KH	N-KH	kcal
36 g	7 g	5,5 g	5 g	382

Grüner Couscous!

2 Portionen

Zubereitungszeit: 15 Minuten

ZUTATEN

1 Brokkoli (200 g)

1 rote Zwiebel (30 g)

1 Bio-Zitrone (40 ml)

2 EL Pinienkerne (25 g)

2 EL Olivenöl (20 ml)

1 Prise Salz und Chili-flocken (nach Geschmack)

ZUBEREITUNG

1. Die Brokkoli-Röschen vom Strunk abbrechen und über eine grobe Küchenreibe in eine Schüssel reiben oder mit einer Küchenmaschine hobeln. Die Zwiebel ebenfalls über die grobe Reibe hobeln.

2. Die Schale der heiß gewaschenen Zitrone über eine feine Reibe in die Schüssel zum Brokkoli hobeln.

3. Die Pinienkerne goldbraun in einer Pfanne ohne Öl anrösten. Dabei ständig umrühren, damit sie nicht anbrennen. Anschließend zum Brokkoli geben.

4. Die Zitrone aufschneiden und komplett über den Brokkoli auspressen – wer Angst vor zu viel Säure hat, kann erstmal weniger Saft und dann nach und nach mehr hinzugeben. Das Olivenöl und die Gewürze beifügen und alles sehr gut umrühren.

TIPP:

Den Strunk kann man entweder zu Suppe einkochen oder in feinen Scheiben in Butter anbraten.

pro Portion

F	EW	KH	N-KH	kcal
18,5 g	5 g	5 g	2 g	220

Gurkensalat!

2 Portionen

Zubereitungszeit: 8 Minuten

ZUTATEN

100 g Crème fraîche

2 EL Zitronensaft

2 TL Dill frisch oder TK

Salz

1 Gurke (500 g)

ZUBEREITUNG

1. Für das Dressing die Crème fraîche, den Zitronensaft, den Dill und etwas Salz (nach Geschmack) in einer Salatschüssel verrühren.
2. Die Gurke waschen, trockentupfen und die Enden abschneiden. Wer die Gurke lieber ohne Schale mag, kann sie dann noch schälen. Mit einem Gemüsehobel oder einer Küchenmaschine in feine Scheiben hobeln. Zum Dressing geben und alles gut umrühren.

TIPP:

Passt gut zum „Flammkuchen" (Seite 90), den „Keto-Frikadellen" (Seite 98) oder dem „Hühnchen in Senfsauce" (Seite 96).

pro Portion

F	EW	KH	N-KH	kcal
15,5 g	3 g	6 g	4,5 g	178

Käse-Lauch-Gratin!

2 Portionen

Zubereitungszeit: 20 Minuten

ZUTATEN

1 große Lauchstange (250 g)

2 EL Olivenöl zum Braten (20 ml)

1 Knoblauchzehe

120 g Crème fraîche

40 g geriebener Parmesan

1 Prise Salz

½ TL geriebene Muskatnuss

120 g geriebener Cheddar

3 Zweige frischer Thymian

ZUBEREITUNG

1. Den Ofen auf 180 °C vorheizen.
2. Den Lauch waschen, dann den Strunk entfernen und in 1 cm breite Ringe schneiden.
3. Das Olivenöl in einer ofenfesten Pfanne auf höherer Hitze erhitzen und den Lauch 3–4 Minuten darin bräunen. Den Knoblauch schälen und durch eine Knoblauchpresse mit in die Pfanne geben.
4. Die Hitze reduzieren, die Crème fraîche, den Parmesan, etwas Salz, die Muskatnuss, die Hälfte des Cheddarkäses und die abgezupften Thymianblättchen hinzugeben und alles gut verrühren.
5. Mit dem restlichen Cheddarkäse bestreuen und 10 Minuten auf oberster Schiene backen. Nach dem Rausholen etwas abkühlen lassen.

pro Portion

F	EW	KH	N-KH	kcal
52,5 g	26,5 g	7 g	7 g	607

Sesam-cracker!

25 Stück

Zubereitungszeit: 25 Minuten

(Vorbereitungszeit: 10 Minuten / Backzeit: 15 Minuten)

ZUTATEN

3 EL weiche Butter (60 g)

1 Ei

100 g gemahlene Mandeln

50 g gemahlene Sesamkerne + 10 g zum Bestreuen

Salz

ZUBEREITUNG

1. Den Ofen auf 180 °C Umluft vorheizen.
2. In einer Küchenmaschine oder mit einem Handmixer die weiche Butter mit dem Ei verquirlen. Die gemahlenen Mandeln, die gemahlenen Sesamkerne und das Salz hinzugeben und alles gut vermengen.
3. Einmalhandschuhe anziehen, den Teig auf ein Blatt Backpapier legen und grob in eine gleichmäßig eckige Form plattdrücken. Mit Sesamkernen bestreuen. Ein weiteres Blatt Backpapier darauflegen und mit einem Nudelholz dünn ausrollen. Oberes Backpapier vorsichtig abziehen.
4. Mit einem Pizzaschneider fünf Reihen längs und fünf Reihen quer schneiden. Wer es gerne salzig mag, kann jetzt noch etwas Salz über den Teig streuen. Das Backpapier mit dem Teig vorsichtig auf ein Backblech ziehen und auf oberer Schiene 15 Minuten backen. Backpapier inklusive Kräcker vom Blech ziehen und etwas abkühlen lassen. Dann vorsichtig auseinanderbrechen. Wenn sie vollständig abgekühlt sind, können sie in einer geschlossenen Dose über mehrere Tage gelagert werden.

pro cracker (insgesamt 25 Stück)

F	EW	KH	N-KH	kcal
5 g	2 g	0,5 g	0 g	55

Macadamia-Hummus!

8 EL (1 EL = 20 g / ergibt 160 g insgesamt)

Zubereitungszeit: 5 Minuten

ZUTATEN

125 g gesalzene Macadamia-Nüsse

30 ml Olivenöl

20 ml Zitronensaft

1 Knoblauchzehe

20 ml heißes Wasser

ZUBEREITUNG

1. Alle Zutaten, außer dem Knoblauch und dem heißen Wasser, in einen Zerkleinerer oder eine Küchenmaschine geben und für einige Minuten zermahlen. Die Konsistenz ist noch relativ grobkörnig.
2. Den Knoblauch schälen und zusammen mit dem heißen Wasser zu der Nussmischung geben und alles so lange pürieren, bis eine cremige Masse entsteht.

pro EL (ergibt 8 EL)

F	EW	KH	N-KH	kcal
16 g	1 g	1 g	1 g	151

Zucchini-Hummus!

8 EL (1 EL = 25 g / ergibt 200 g insgesamt)

Zubereitungszeit: 10 Minuten

ZUTATEN

1 mittelgroße Zucchini (220 g)

1 EL Olivenöl zum Braten

1 EL Zitronensaft (10 ml)

1 EL geröstetes Sesamöl (10 ml)

70 g Sesampaste (Tahini) (z. B. von dm)

2 Knoblauchzehen

½ TL Paprikapulver edelsüß

Salz

ZUBEREITUNG

1. Die Enden der Zucchini abschneiden. Halbieren und in Stücke schneiden.
2. Das Olivenöl in einer Pfanne bei stärkerer Hitze erhitzen und die Zucchinistücke darin bräunen. Auf ein Küchenpapier geben und die Feuchtigkeit abtropfen (sonst wird der Hummus zu flüssig).
3. In einem Standmixer, einer Küchenmaschine oder einem Zerkleinerer die Zucchini pürieren. Den Zitronensaft, das Sesamöl, die Sesampaste, die Knoblauchzehen, das Paprikapulver und etwas Salz nach Geschmack hinzugeben und erneut pürieren, bis eine Creme entsteht.
4. Zum Anrichten in eine kleine Schüssel geben und gegebenenfalls mit etwas Olivenöl beträufeln und mit etwas Paprikapulver bestäuben.

pro EL (ergibt 8 EL)

F	EW	KH	N-KH	kcal
7,5 g	2,5 g	1,5 g	0 g	85

Süße Leckereien!

Erdnusseis!

5 Kugeln

Zubereitungszeit: 15–20 Minuten

ZUTATEN

2 Eier

1 Päckchen Bourbon-Vanille von Dr. Oetker

50 g Erythrit

200 g Erdnussbutter ohne Zucker (cremig oder stückig)

200 ml flüssige Schlagsahne

1 Handvoll gehackte Erdnüsse (geröstet und gesalzen) (20 g)

ZUBEREITUNG

1. In einer Küchenmaschine oder mit einem Mixer die Eier, das Vanillearoma und das Erythrit miteinander verquirlen.
2. Die Erdnussbutter hinzugeben und erneut ordentlich verquirlen.
3. Abschließend die Sahne hineingießen und alles zu einer homogenen Masse vermengen. In eine Eismaschine geben und 10–13 Minuten gefrieren lassen. Nach dem Portionieren mit den gehackten Erdnüssen bestreuen.

TIPP:

Es empfiehlt sich, das Eis direkt zu verzehren. Ohne Eismaschine kann man die Masse in eine Tupperdose geben und für ein paar Stunden einfrieren. Zwischendurch immer wieder umrühren. Vor dem Verzehr etwas antauen lassen, damit sich das Eis besser auslöffeln lässt.

pro Kugel

F	EW	KH	N-KH	kcal
36 g	14 g	9 g	6 g	422

Keto-Brownies!

6 Stücke

Zubereitungszeit: 20 Minuten

TIPP:
Wenn sie abgekühlt sind, können die Brownies in 6 Stücke geschnitten werden und in einer Tupperdose bis zu zwei Tage bei Zimmertemperatur aufbewahrt werden.

ZUTATEN

100 g dunkle Schokolade (mind. 85 % Kakaoanteil)

2 Eier

100 g gemahlenes Erythrit

125 g weiche Butter

20 g Kakaopulver, schwach entölt (z. B. von Alnatura)

30 g gemahlene Mandeln

½ TL Reinweinstein-Backpulver

1 Prise Salz

40 g gehackte Pekannüsse

ZUBEREITUNG

1. Den Ofen auf 180 °C Umluft vorheizen.
2. Die Schokolade in Stücke brechen und in einem mikrowellengeeigneten Gefäß in der Mikrowelle 30–60 Sekunden schmelzen. Alternativ die Schokolade in eine Schüssel geben und über einem Wasserbad vorsichtig schmelzen. Darauf achten, dass die Schüssel das Wasser nicht berührt. Etwas abkühlen lassen.
3. Die Eier mit dem Erythrit in einer Küchenmaschine oder mit dem Handmixer verquirlen.Die Butter, das Kakaopulver, die gemahlene Mandeln, den Reinweinstein und Salz hinzugeben und nochmals verrühren. Abschließend die flüssige Schokolade hinzugießen und nochmals alles gut mixen.
4. Die gehackten Pekannüsse (es können auch Mandeln, Macadamias oder Walnüsse verwendet werden) mit einem Löffel unterrühren und die Masse in eine rechteckige Auflaufform füllen.
5. Auf mittlerer Schiene 12–15 Minuten backen. Mit einem Stäbchen in der Mitte einstechen. Wenn kein Teig mehr daran kleben bleibt, sind die Brownies fertig.

pro Portion

F	EW	KH	N-KH	kcal
33 g	7 g	3,5 g	2 g	347

Keto-Rocher-Kuchen!

6 Stücke

Zubereitungszeit: 15 Minuten + 3 Stunden Kühlzeit

TIPP: Für eine Ø 26 cm Springform einfach die Menge verdoppeln.

ZUTATEN

FÜR DEN BODEN:

100 g geröstete, gehackte Haselnüsse (z. B. von Lidl)

50 g weiche Butter

30 g Erythrit

5 Tropfen Tasty Drops Nuss-Nougat oder Vanille

1 EL selbstgemachtes „Keto-Nutella" von Seite 68 (30 g)

FÜR DIE CREME:

250 g Frischkäse

150 g selbstgemachtes „Keto-Nutella" von Seite 68

10 Tropfen Tasty Drops Nuss-Nougat

30 g Erythrit

20 g geröstete, gehackte Haselnüsse für das Topping

ZUBEREITUNG

1. Für den Boden die Haselnüsse mit der Butter in einer Küchenmaschine zerkleinern. Dann das Erythrit, die Tasty Drops und das Keto-Nutella hinzufügen und nochmals alles gut vermengen.
2. Den Boden einer Ø 18 cm Springform mit Backpapier auslegen (überschüssiges Papier wegschneiden). Die Mischung gleichmäßig auf dem Boden verteilen und festdrücken.
3. Für die Creme in einer Schüssel den Frischkäse zusammen mit dem Keto-Nutella, den Tasty Drops und dem Erythrit mit einem Handmixer verquirlen, bis eine homogene Creme entsteht.
4. Die Creme anschließend gleichmäßig auf dem Boden in der Springform verteilen und mit den gehackten Haselnüssen bestreuen. Mit Frischhaltefolie abdecken und 3 Stunden in den Kühlschrank stellen.

pro stück (ergibt 6 stücke)

F	EW	KH	N-KH	kcal
55 g	10 g	7 g	2,5 g	569

Mandel-Kokos Riegel!

8 Stück

Zubereitungszeit: 15 Minuten (+ 2 Stunden Kühlzeit)

ZUTATEN

50 g Mandelblättchen

100 g gemahlene Mandeln

50 g Kokosraspeln

100 g Eiweißpulver neutral (z. B. Protein 96 von Frey Nutrition)

50 g gemahlenes Erythrit

100 ml Kokosmilch

100 g Kokosöl

10 Tropfen Tasty Drops Vanille (z. B. von Gym-Queen)

ZUBEREITUNG

1. Die Mandelblättchen für 1–2 Minuten unter ständigem Rühren bei mittlerer Hitze in einer Pfanne ohne Öl anrösten.
2. In einer Schüssel die gemahlenen Mandeln, die Kokosraspeln, das Eiweißpulver und das gemahlene Erythrit miteinander verrühren.
3. Die Kokosmilch, das Kokosöl und die Vanilletropfen zu den trockenen Zutaten in die Schüssel geben und alles gut vermengen. Abschließend die Mandelblättchen unterheben. Die Teigmasse sieht jetzt aus wie Streusel.
4. Eine flache Auflaufform mit Backpapier auslegen und die Masse gleichmäßig darauf verteilen. Die nach oben überstehenden Ränder vom Backpapier wegschneiden. Den Teig am Rand mit einem Löffel oder Teigschaber sauber runterdrücken, so dass eine ebene Fläche entsteht. Mit Frischhaltefolie abdecken und zwei Stunden kaltstellen.
5. Wenn die Masse fest ist, mit einem Messer in 8 rechteckige Stücke bzw. Riegel schneiden.

TIPP: Im Kühlschrank mit Folie bedeckt gelagert, halten sich die Riegel mehrere Tage und eignen sich super als Snack für unterwegs oder als Nachtisch.

pro Riegel

F	EW	KH	N-KH	kcal
29,5 g	16 g	2,5 g	1 g	344

Tiramisu im Glas!

2 Portionen

Zubereitungszeit: 15 Minuten

ZUTATEN FÜR DEN BODEN:

2 EL gemahlen Mandeln (30 g)

1 EL gemahlene Haselnüsse (15 g)

1 EL Erythrit

½ TL Reinweinstein-Backpulver

1 Ei

5–10 Tropfen Tasty Drops Butterkeks oder Vanille

FÜR DIE KAFFEETUNKE:

1 Tasse abgekühlter Kaffee

5–10 Tasty Drops Marzipan oder Amaretto

FÜR DIE CREME:

1 Ei

1 EL Erythrit

125 g Mascarpone

10 Tropfen Tasty Drops Marzipan oder Amaretto

50 ml Sahne

1 gestrichener TL Kakaopulver ohne Zucker, schwach entölt (z. B. von Alnatura)

ZUBEREITUNG

1. **Für den Boden:** Alle trockenen Zutaten für den Boden in einer rechteckigen Tupperdose oder anderweitigen mikrowellengeeigneten Form verrühren. Dann das Ei und die Tasty Drops unterrühren und den Teig über die komplette Form verteilen. In der Mikrowelle bei ca. 800 Watt in drei bis vier 30 Sekunden Intervallen erhitzen. Abkühlen lassen und in 2–3 cm dicke Streifen schneiden.

2. **Für die Kaffeetunke:** Den Kaffee mit den Tasty Drops verrühren.

3. **Für die Creme:** Das Ei mit dem Erythrit in einer Küchenmaschine oder mit dem Handmixer verquirlen. Die Mascarpone hinzugeben und alles zu einer cremigen Masse mixen. Die Tasty Drops und die Sahne hineingeben und alles für 1–2 Minuten gut verquirlen, so dass eine fluffige Creme entsteht.

4. Zwei Dessertgläser nehmen. Die 2 Stücke des Bodens jeweils eine Sekunde rundum in den Kaffee tunken und dann auf dem Glasboden platzieren. Etwas in Form drücken, so dass der ganze Boden bedeckt ist. Nun kommt die erste Schicht der Creme mit einem Esslöffel über den Boden (ca. 2 cm hoch). Dann wird eine weitere Schicht des in Kaffee getränkten Bodens auf der Creme platziert und dann eine letzte Schicht der Creme.

5. Abschließend durch ein feines Sieb mit etwas Kakaopulver bestäuben und für mindestens 2 Stunden in den Kühlschrank stellen.

pro Glas/Portion

F	EW	KH	N-KH	kcal
50,5 g	17 g	4,5 g	3,5 g	544

Vanille-Mousse mit Erdbeeren!

2 Portionen

Zubereitungszeit: 5 Minuten

TIPP:

Das Eigelb könnt ihr am nächsten Morgen ins Rührei geben.

ZUTATEN

1 Eiweiß

150 ml flüssige Schlagsahne

10 Tasty Drops Vanille

150 g Erdbeeren

15 g gehackte Pistazien, geröstet und gesalzen

ZUBEREITUNG

1. Das Eiweiß mit einem Handmixer in einem Gefäß steifschlagen, bis es Spitzen zieht.
2. Dann in einem zweiten Gefäß die Sahne und die Tasty Drops mit demselben Handmixer steifschlagen. Die Eiweißmasse vorsichtig mit einem Spatel unter die Sahne heben.
3. Die Erdbeeren putzen, die Blätter entfernen und vierteln. Auf zwei Dessertgläser oder Schälchen verteilen, das Vanille-Mousse darüber geben und mit den gehackten Pistazien garnieren.

pro Portion

F	EW	KH	N-KH	kcal
28,5 g	5 g	7,5 g	5,5 g	307

Waldfrucht-Eiscreme!

2 Portionen

Zubereitungszeit: 5 Minuten

ZUTATEN

100 g TK-Beerenmischung

200 g Crème fraîche

10 Tropfen Tasty Drops Blueberry Pie oder Vanille

50 g frische Blaubeeren

ZUBEREITUNG

1. Zwei Dessertgläser im Gefrierfach kaltstellen.
2. Die gefrorenen Beeren, die Crème fraîche und die Tropfen in einem Mixer pürieren. Die frischen Blaubeeren unterheben.
3. Die Dessertgläser aus dem Gefrierfach holen, mit der Eiscreme-Mischung befüllen und ein paar frische Blaubeeren oder etwas von der TK-Beerenmischung zur Deko obendrauf geben

pro Portion

F	EW	KH	N-KH	kcal
30,5 g	3,5 g	10 g	9,5 g	333

TIPP:

Wenn man etwas mehr Geduld hat, kann man die Eiscreme auch in Stieleisformen geben und für ein paar Stunden einfrieren. So kann man sein eigenes Eis am Stiel kreieren.

QUELLEN UND WEITERE LITERATUR

1. Alarim, R. A. u. a.: Effects of the Ketogenic Diet on Glycemic Control in Diabetic Patients: Meta-Analysis of Clinical Trials. Cureus (2020). Oct 5;12(10):e10796.
2. Asrih, M. und Jornayvaz, F.R.: Diets and nonalcoholic fatty liver disease: The good and the bad. Clinical Nutrion (2014). 33, 186–190.
3. Castellana, M. u. a.: Efficacy and safety of very low-calorie ketogenic diet (VLCKD) in patients with overweight and obesity: A systematic review and meta-analysis. Reviews in endocrine and metabolic disorders (2020). Mar;21(1):5-16.
4. Dashti, H. M., u. a.: Ketogenic Diet Modifies the Risk Factors of Heart Disease in Obese Patients, Nutrition (2003) 19:901–902.
5. Dashti, H. M., u. a.: Long term effects of ketogenic diet in obese subjects with high cholesterol level, Molecular and Cellular Biochemistry (2006). 286: 1–9.
6. Dashti, H. M., u. a.: Long-term effects of a ketogenic diet in obese patients. Experimental and Clinical Cardiology (2004). 9 (3), 200–205.
7. De Souza, R.J. u. a.: Intake of saturated and trans unsaturated fatty acids and risk of all-cause mortality, cardiovascular disease, and type 2 diabetes: Systematic review and meta-analysis of observational studies. British Medical Journal (2015). 351, h3978.
8. Feinman, R. D. u. a.: Dietary carbohydrate restriction as the first approach in diabetes management: Critical review and evidence base Nutrition Volume 31, Issue 1, January 2015, Seiten 1–13.
9. https://dr-hinterleitner.at/service/laktoseintoleranz.php Dr. Thomas Hinterleitner Ernährung bei Laktoseintoleranz
10. https://konjak-shop.com/wissenswertes/konjakwurzel/ Was ist eigentlich Konjak? (2021)
11. Malone, C. Keto and Cholesterol: How the Ketogenic Diet Affects Your Heart Health (2019). URL: https://ketogenic.com/keto-and-cholesterol
12. Masood, W., Annamaraju P., Uppaluri K.R. (2021): Ketogenic Diet. StatPearls Publishing LLC
13. Vandenberghe, C. u. a.: Caffeine intake increases plasma ketones: an acute metabolic study in humans. Canadian Journal of Physiological Pharmacology (2017). 95(4):455-458.
14. Volek, J. S. und S. D. Phinney (2011): The Art and Science of Low Carbohydrate Living. Miami: Beyond Obesity LLC.
15. Walton, C. M. u. a.: Improvement in Glycemic and Lipid Profiles in Type 2 Diabetics with a 90-Day Ketogenic Diet. Journal of Diabetes Research (2019). 2019:8681959.
16. Wilson, J. und R. Lowery (2017): The Ketogenic Bible. Las Vegas: Victory Belt Publishing Inc.
17. Yuan, X. u. a.: Effect of the ketogenic diet on glycemic control, insulin resistance, and lipid metabolism in patients with T2DM: a systematic review and meta-analysis. Nutrition & Diabetes (2020) Nov 30;10(1):38.
18. Yurista, S. R. u. a.: Therapeutic Potential of Ketone Bodies for Patients With Cardiovascular Disease: JACC State-of-the-Art Review. Journal of the American College of Cardiology (2021). 77 (13) 1660–1669.

WEITERE WEBSITE-EMPFEHLUNGEN:

www.ketorockt.de
www.ketogenic.com
www.ketodietapp.com
www.dietdoctor.com
www.ruled.me
www.drberg.com